高效阅读
掌控知识的魔法

[日] 大吾（DaiGo） 著

毕梦静 译

中国科学技术出版社

·北 京·

CHISHIKI WO AYATSURU CHODOKUSHO JUTSU
Copyright © Mentalist DaiGo 2019
Original Japanese edition published by Kanki Publishing Inc.
Simplified Chinese translation rights arranged with Kanki Publishing Inc. through The English
Agency (Japan) Ltd. and Shanghai To-Asia Culture Co., Ltd.
All rights reserved.

北京市版权局著作权合同登记　图字：01-2020-6155。

图书在版编目（CIP）数据

　高效阅读：掌控知识的魔法 /（日）大吾著；毕梦
静译 . —北京：中国科学技术出版社，2020.10
　ISBN 978-7-5046-8807-1

　Ⅰ . ①高… Ⅱ . ①大… ②毕… Ⅲ . ①读书方法
Ⅳ . ① G792

中国版本图书馆 CIP 数据核字（2020）第 191276 号

策划编辑	申永刚　杜凡如	责任编辑	陈　洁
封面设计	马筱琨	版式设计	锋尚设计
责任校对	张晓莉	责任印制	李晓霖

出　　版	中国科学技术出版社
发　　行	中国科学技术出版社有限公司发行部
地　　址	北京市海淀区中关村南大街 16 号
邮　　编	100081
发行电话	010-62173865
传　　真	010-62173081
网　　址	http://www.cspbooks.com.cn

开　　本	880mm×1230mm　1/32
字　　数	115 千字
印　　张	7
版　　次	2020 年 10 月第 1 版
印　　次	2020 年 10 月第 1 次印刷
印　　刷	北京盛通印刷股份有限公司
书　　号	ISBN 978-7-5046-8807-1/G·874
定　　价	59.00 元

（凡购买本社图书，如有缺页、倒页、脱页者，本社发行部负责调换）

前　言

感谢大家阅读本书，我是读心师大吾。

你之前是否阅读过与"读书"有关的书籍呢？

比如，速读法？过目不忘的记忆法？拍照速读法？

"或许可以因此掌握读书的方法。"

"今后想读更多的书。"

"想知道过目不忘的方法。"

……

大家应该都是因为有以上类似的想法才会购买与读书有关的书籍吧？

不过，那些所谓的"读书术"是否真的对你之后的人生起到了什么作用呢？

如果你的答案是"否"，我可以和你约定，幸运之神即将与你相遇。在本书中，讲述了如何通过阅读书籍对你的工作、生活等产生影响；换言之，也就是对于你的整个人生起到积极作用的诀窍和方法。

如果你的答案是"是"，也就是如果你通过迄今为止了解到的读书术而收获颇多，那么在本书中你还可以了解到其他同类书籍中所没有的方法和技巧，从而拥有更加充实的读书体验。

本书是为有以下烦恼的人而写的：

• 阅读漫画或小说的话可以读到最后，但阅读其他书籍时却无法集中注意力，无法读完整本书；

• 即使读了也记不住内容，第二天就全忘光了；

• 虽然比其他人读的书多，但无法很好地向他人讲述自己读过的内容。

能够阅读文章和能够将文章内容灵活运用到自己的人生中，这是两件事。学校和公司等地方不会教我们如何活用书本里的知识。

如果大家有以上所列举的这些烦恼，那么其解决方案就在于"读书的方法"和"使用书的方法"。

■ 效率提升 50 倍的读书循环法

我每天读10~20本书。

大多数人听到这个数字之后都会感到非常吃惊。

也许有人会问："我读完一本书都要花费很大的精力，你是怎么做到一天读完20本书呢？你究竟用的是什么阅读方法呢？你用的是像魔法一样的速读技巧吗?"

但事实上，我没有任何魔法可言。

迄今为止，我只是学习了有科学依据的读书方法，并掌握了如何活用读书的方法。

虽然我原本就比其他人读书读得快些，但这并不意味着我的阅读理解能力也比其他人优秀许多。因此，我实际上花费了很长时间才达到现在的状态。

话虽如此，但其实我并非只是在追求阅读的数量。

从根本上来说，我是喜欢读书的，我认为和书本在一起相处的时间是幸福的，并且我有想要实现"知识最大化"这一人生目的的动机。所以，如果大家学习了这本书接下来所介绍的方法，谁都可以在一天之内读完5～10本书。

日本的上班族人均每月阅读量少于3本。也就是说，大家在阅读和实践本书所介绍的方法并养成习惯后，都可以掌握比常人多50倍以上的知识阅读效率。

我将所实践的读书方法分解之后，就是具体的"操控知识的读书循环"。

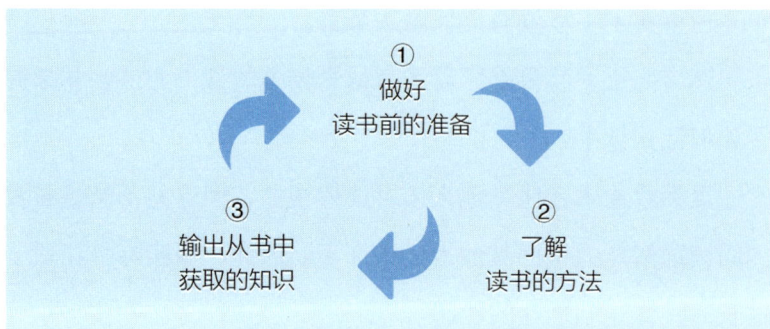

从结论来说，第一点"读书前的准备"在70%的程度上决定了能否输出从书籍中得到的知识。之所以这样说，是因为大多数人并不知道在读书前做好准备的必要性。

比如，随意拿起一本书就开始翻阅的人与明确地思考"我为什么要读这本书""我想从这本书中得到什么知识"的人相比较，他们的阅读体验是不同的。

也许有人会认为在读书前做好准备不是理所当然的吗，但是，是否真正地将其付诸实践，产生的差距将会非常明显。

重要的是，了解这个循环，并将书的阅读方法和使用方法付诸实践。

如果这样，就可以大大地提升遇到改变自己人生的那本书的概率。

■ 改变我的工作和人生的一本书

实际上，有一本书给我的人生带来了很大的改变。

你知道《运动改造大脑》(脑を鍛えるには運動しかない) 这本书吗？这是让我开始进行肌肉锻炼和运动的一本书。

这是哈佛大学医学院的老师所写的一本书，该书以论文为基础，科学地阐明了"如何锻炼脑细胞"。

简单地概括一下该书的内容："通过进行有氧运动，会使脑血流速度加快，并在脑内分泌出脑源性神经营养因子（BDNF）。不管对于多大年龄的人来说，BDNF的分泌都会促进其大脑的运动和成长，并且有抗衰老的效果。"这些内容和其他科学依据一起被写入了这本书中。

在阅读这本书之前，我并不能理解那些在健身房里健身的人、在皇宫广场周围慢跑的人、周末出于兴趣而打棒球或网球的人以及在室内踢足球的人，并且我对于"为什么要运动""运动中有什么乐趣"等持怀疑态度。

自从我出生以来，我就一直十分讨厌各种运动。但是，在**读完这本书之后，我立刻去办了张健身房的会员卡**。无论是为了今后也能享受读书的乐趣，还是为了实现"知识最大化"这一目标，保持大脑的良好状态都是必不可少的。因此，如果最有效的方法是运动，但不能立即去做，实际上就是一种浪费。

就这样，从高中体育课结课之后几乎就再也没有运动过的我，又重新开始运动了。**我重新开始运动后，所发生的变化是惊人的。**经常笑嘻嘻地看Niconico（指NICONICO动画）和YouTube（一个视频网站）的人们应该都知道，如今，在我的生活中，健身和有氧运动也成了不可或缺的一部分。

在开始运动后，我切身地感受到，自己的行动力和集中力都有所提高。此外，由于作为"压力激素"的皮质醇含量有所降低，所以不安感也会减弱。同时，带来勇气的睾酮含量也有所增加。对我来说，虽然现在读书依旧是我最大的兴趣，但旅行也增加了我的乐趣。

去国外旅行，在与平时不同的环境中读书，可以产生强烈的灵感，并对外输出自己从书中学到的知识。《运动改造大脑》这本书让我的人生有了更多的可能性。

我在阅读《运动改造大脑》这本书之前所做的准备工作是：明确自己想获得的知识。因为我想让大脑保持一个良好的状态，所以，我想知道锻炼大脑的方法。之后，我一边实行上文中所提到的"循环"，一边读书，将其付诸实践。

如果能遇到对自己来说是必不可少的书，并活用书中内容，那么花费几千日元的投资就可以期待一个巨大的回报。

而且，这个循环和四则运算、九九乘法表一样，一旦你掌握了它，就不会忘记；**一旦你掌握了它，就可以终身使用。**

做好读书前的准备，掌握正确的读书方法并将其运用于实践中，让所读之书能够对自己今后的生活有所帮助。

这个循环可以在阅读实用书、专业书、商业书等所有种类的书籍时使用。

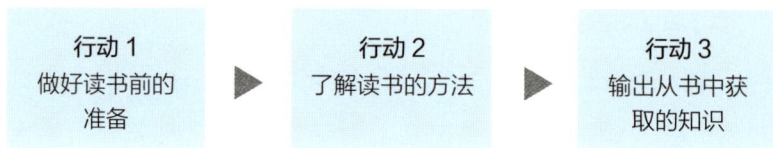

行动 1 做好读书前的准备	▶	行动 2 了解读书的方法	▶	行动 3 输出从书中获取的知识

■ 请从你最想阅读的章节开始阅读

从书的什么地方开始读起，取决于你读书前所做的准备。

对于本书而言，如果你觉得自己不擅长读书，那么请从第

1章开始按顺序阅读。

如果你觉得自己擅长读书，却因无法读完一本书而苦恼的话，请从第2章开始阅读。

如果你想将书中的内容变为自己的知识，请从第3章开始阅读。

如果你想知道如何让读过的书对自己的工作和生活有所帮助，请从第4章开始阅读。

像上面所说的这样，从自己想阅读的章节开始阅读，也是本书将要进行说明的方法之一。

对于小说和漫画这种有故事情节的书籍另当别论，读书并非必须从第一页读到最后一页。

重要的是，你要在读书之前知道自己想要获取的知识是什么。

当人们想要改变自己，觉得不改变不行的时候，就会向书籍寻求帮助。如果没有非改变不可的理由，就无法实现改变。

总之，无论是什么种类的书，当你觉得"我想读这本书"时，就是你的内心在寻求某种变化的时候。

那么，你为什么要读书呢？

和本书一起来寻找答案吧。

2019年10月

读心师大吾

目　　录

第2章　提高阅读质量的 3 个准备

第3章　提高理解力和记忆力的 5 种阅读方法

第4章 自由掌控知识的3种输出方式

与读书有关的
3个假象

在第1章中，首先我会对**"关于读书的3个误解"**进行介绍。

无论是没有读书习惯的新人，还是不擅长读书的人，或者是虽然读了很多书却没有感觉到读书对自己有什么帮助的人，他们对读书常常有3个共同的误解："速读""多读"和"选书"。

关于"速读"，他们认为，要想喜欢上读书，快速阅读的能力是必不可少的。如果能够做到快速阅读，读书量就会随之增加，也可以得到对人生有所帮助的读书效果。

关于"多读"，他们认为，喜欢读书的人会同时阅读许多不同种类的书籍。通过多读，可以扩展自己的兴趣范围，保持读书的习惯。

关于"选书"，他们认为，选择好书进行阅读是最有效率的读书方法。

怎么样？当你被问到如何有效地阅读书籍时，你是否也曾想过，"快速阅读，多读书，读好书"这样的回答。

实际上，这种深入人心的想法会妨碍你做读书前的准备，并且最终会影响为了使读书发挥作用的阅读方法的效果。

如果你局限于"速读"，就会忽视书的内容；如果你以"多读"为目的，就会失去读书的真正目的；如果你纠结于"选书"，就会只读自己喜欢读的书。

在每个步骤都错误的情况下，是不可能得到正确结果的。从现在开始，改变你的阅读常识吧！

假象
1

"速读"的谎言

即使快速阅读，也无法提升阅读能力

我每天会读10～20本书。

如果我在采访中这样说的话，就很有可能会被问道，"是速读吗？"确实，人们有"要想多读书，就必须快速阅读"的想法很正常。

我对于自己感兴趣的事情会亲身实践，并检验其效果。所以，我几乎试遍了所有的速读法。

从结论来说，无论是"一分钟可以读完一本文库本"的方法，还是"将所看到的内容用如同拍照的形式使其停留在自己的潜意识中"的方法，都达不到热心推广这种方法的人所说的效果。直言不讳地说，这些都是骗人的招数。

假设一分钟可以读完一本书，那么即使中间稍微休息一会儿，一小时也能读完40～50本书。如果我掌握了这种如同魔法般的速读法，然后专心阅读，我就可以凭借从书中获得的大量知识在商界取得成功。

至少我是不想做速读法的生意。对比通过教大家速读法来赚钱，我认为，以大量知识为支撑的生意更容易赚钱，也更能对社会作出贡献。

我所敬爱的立花隆先生曾说过，"将某一类书籍摆放在一起，当你所阅读的数量达到1.5米的长度时，**你就可以成为那个领域的专家了**"。如果一分钟读一本书的速读法是真实有效的，那么几个小时就可以成为某领域的专家了。

如果是这样，世界上的最强大脑可以瞬间诞生了。

一味地追求快速阅读是没有任何意义的

实际上，各大学的研究者们也对速读的效果进行了验证。平时追求阅读量的研究者们也曾经对此抱有希望："如果一分钟能读一本书的话……"但是，结果却让大家的期待落空了。

2016年，美国加利福尼亚大学的研究团队根据之前的145项研究数据对"速读是不是可能的?"进行了调查，并得出了如下结论：

● 提升阅读速度会导致对内容的理解程度降低（理解和速度是无法并存的关系）。

● 在决定阅读速度和阅读时间的要素中，眼睛的转动以及周边视野所占的比例不到10%。

也就是说，若用看照片那样的方法来读书的话，基本是没有效果的。在使用快速阅读的读书方法时，书的内容几乎不会留在大脑中。

据说在速读协会主办的速读比赛中，冠军获得者用47分钟读完了《哈利·波特与魔法石》这本书。

当被问到读完这本书的感想时，这位冠军总结道："这是一本让人停不下来想要继续阅读下去的好书，书的内容真的非常有趣；这是一本在孩子们之中也很有人气的书，书中有很多孩子们喜欢的场景，但是，也有比较悲伤的场景。"

总而言之，作为技巧的速读法，实际上只不过是跳跃式阅读罢了。

使用这种阅读方法所能收获的也只是读完之后的心情而已。速读大赛的冠军还沉浸在用47分钟读完这么厚一本书的喜悦之中，但他几乎没有掌握这本书的内容。因此，他只能说出不涉及书中人物名字和故事高潮的感想。

提升阅读速度，就会降低理解程度。这也意味着能够快速阅读的书，其内容都很简单。

读书本来应该是为了接触自己未知的世界和思考方式而采取的行动。如果书的内容比较简单，并且大多是一些大家已经知道的内容，那么就可以快速地阅读。

相反，如果一本书花费一整天时间也读不完，甚至一天只能读10页，在读完全本书之后才能真正有所收获。我希望大

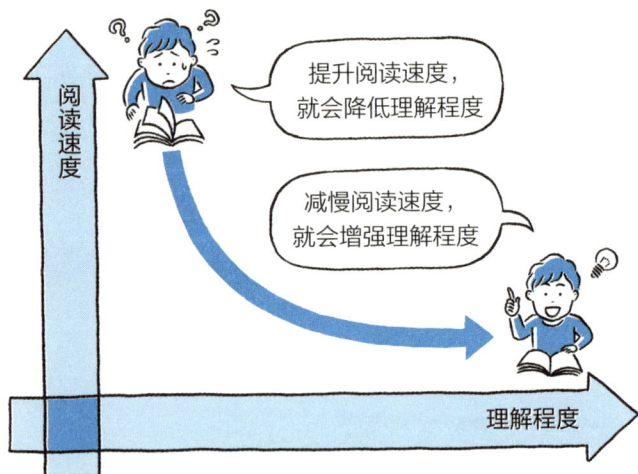

家能认识到，阅读速度和读书收获是两者不可兼得的关系。

如果只是一味地追求快速阅读是没有任何意义的。

比阅读速度更重要的阅读技巧是什么？

还有一个与阅读速度有关的令人震惊的事实。

某研究结果表明，阅读速度和与生俱来的基因有很大关系。

2010年，美国俄亥俄州立大学以同卵双胞胎和异卵双胞胎为对象，调查了读书能力与基因之间的关系。结果表明，**阅读文章的速度，3/4由基因决定。**

也就是说，我们身边那些十分少见的，不仅能够快速阅读，而且对内容的理解程度也很高的人，他们原本就拥有与读书能力有关的优秀基因。这是一个非常残酷的事实。

那么，并不具备这种优秀基因的我们就只能放弃快速阅读并理解内容的想法吗？

不是的，现在还不是放弃的时候。即使没有与生俱来的才能，也会有技巧让我们通过实践提高阅读能力，这个技巧就是"选读"。**既然无法实现快速阅读，那就减少需要阅读的地方。**

前文中否定了速读可能性的美国加利福尼亚大学的研究团队指出，"在充分理解内容的前提下，唯一可以提升阅读速度的方法就是进行练习。换言之，接触越多的词汇，对文章的处理能力就会变得越快。通过熟读大量不同种类的文章，我们会逐渐熟悉各种风格的语言和词汇。这样一来，我们对于书籍的认知处理速度就会不断提高"。

坦率地说，这个建议告诉我们，必须专心致志地进行阅读才行。

当你听到这个建议时，心中是否会产生这样的想法呢？"如果我能做到专心阅读，就不会苦恼了""我连一本书都读不完，即使你让我专心阅读，我也做不到啊"……

事实确实如此，很多人苦恼于无法做到专心阅读。

所以，我推荐的是"选读"，这是一种有科学依据的"速读"。快速阅读的好处是可以分辨出某本书是否值得一读。

比如，拿到一本书之后，只需大致地看一下，就可以知道"这本书中有自己想了解的内容，所以要认真阅读才行""这本书中都是自己已经知道的内容，所以浏览一下就足够了，甚至连浏览的必要也没有"。

如果能够拥有这种选读的能力，就可以大幅地缩短阅读时间。

①有科学依据的"速读"

▼

②阅读速度是"与生俱来"的

⬇

③即便如此，为了能够快速阅读

⬇

④学习速读

⑤减少阅读的书籍和内容

▼

⑥这就是选读

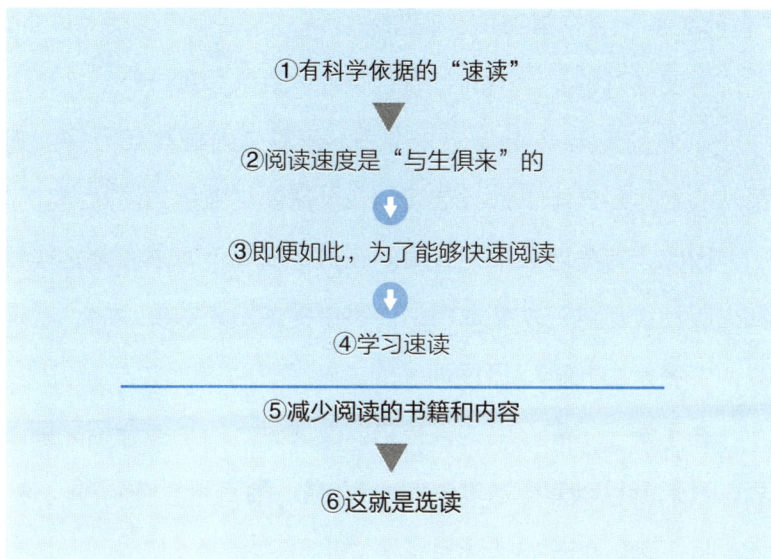

从堆积如山的书中找到值得阅读的那一本

那么，我来说明一下选读的操作方法。

首先，在读书之前请仔细思考你想通过阅读这本书收获什么。然后，将原本想要阅读的地方减少到1/10。关于有效的

"事前准备"会在第2章中涉及。

需要注意的是：书的封面、腰封、目录和某一章。

如果是实用书或商业书的话，一本书大概有10万字。如果从头到尾对这本书进行选读的话，需要高强度的注意力。

因此，首先选读书的封面。在很多情况下，书名都是作者和出版社绞尽脑汁从整本书的内容中提炼出来的要点。也就是说，书名是由10万字压缩而来的。

在了解了书名、书的宣传语以及腰封上所写的介绍文字之后，我们就可以知道这本书的大致内容了。

接下来，就开始选读目录了。

大家平时读书经常会忽略书的目录，但其实目录里包含了这本书的结构和框架，具体内容我会在第2章进行说明。只有选读了目录，才能更好地理解书的内容。

最后，让我们对书的某一章进行选读吧。

选择最开始的第1章也可以，选择在浏览目录时感到有兴趣的第3章或第5章也没问题。如果抱着想要读完整本书的想法，就会消耗很多的专注力。所以，选择自己想要阅读的那一章，然后开始阅读吧。

① 阅读封面和腰封
≫ 书名和宣传语归纳了本书的要点
② 阅读目录
≫ 找出"想要了解""现在还不了解"的章节
③ 阅读感兴趣的某一章
参照自己的水平
选择的标准是：自己已知和未知的内容各占一半

如果是初学者的话，可以选择带有图表或黑体字的章节来阅读，实际感受一下选读所带来的速度感。

通常是按照封面、腰封、目录以及正文的某一章的顺序来进行选读，但我经常会**选读一本书最中间的那一章**。

我自己在写原稿时，也会为了让书的前言或某一章能够吸引读者的注意力，而在其中加入一些十分有趣的素材。同时，为了能让读者在看完我写的书之后有一个好的读后感，我通常还会在书结尾的那一章节前后多下功夫。

虽然不同种类的书，结构不同，但大体上是相似的；虽然并非作者偷懒，但书中间部分的内容大多是一些重要却没有吸引力的内容。

因此，如果你在选读了一本书的中间章节后，仍然觉得有趣、易懂、很感兴趣，那么这本书很有可能就是适合你的一本书。

要有看不下去就扔到一边的勇气

如果一本10万字的书由5章构成，那么每一章大概有30～40页。就从这些章节里选择某一章开始阅读吧。

如果你阅读的时候没有遇到不懂的单词和难懂的表达方式，可以顺利读下去，就说明这一章对你来说很简单。但是，如果在阅读过程中发现，书上写的都是自己已经知道的内容或者内容过于简单的话，很有可能当你读完之后也没什么收获。在这种情况下，你可以跳过这一章，选读其他章节，或者换一本别的书。如果你觉得一本书还没读完就扔到一边很可惜，那么我向你推荐Kindle Unlimited。因为Kindle Unlimited可以免费阅读，所以你可以在上面轻松地尝试选读。

相反，如果你在阅读时遇到了很难的表达方式或者从未听说过的专业术语，那就说明这是一本对你来说难度很高的书。即使你勉强熟读这本书，也很可能会白费时间，受到挫折。

美国亚利桑那州立大学的研究结果表明，如果能够顺利阅读书中80%的内容，仅被剩下20%的内容所难住，这种难易程度的书是最适合维持读者继续读下去的动力的。

但这个比例也不是绝对的，80%和20%的比例也会随着读者本人的阅读量和知识储备而发生变化。

在选读的阶段，如果遇到对自己来说很难理解的书就可以原封不动地合上，然后选读其他的书吧。

先熟悉文章的"结构"再进行阅读

再稍微说一下我的阅读方法吧。

在前文中，我曾说过读黑体字和图表多的书更容易有选读的感觉。但我自己在阅读时，会着重阅读每一章节最开始的部分，即**导入的部分以及最后的结论**。

为什么我选择着重阅读导入和结论呢？这和**文章结构**有关。

如果想知道一本书的概要和概论，那么通过读导入和结论就可以抓住书中的要点。在结论部分中，作者想要传达的信息大多位于"但是""总之"这种连词之后。比如：

但是，如果认为是××的话，就可能会看错事情的本质。

总之，是××的问题。

在特意换行的"但是""总之"之后的文章中，通常会有作者想要传达的数据和信息等。我把它叫作"**但是、总之阅读法**"。

此外，如果想知道实验数据（数字）或典故出处的话，就**继续阅读具体事例**。具体事例是为了让文章更有说服力或进行

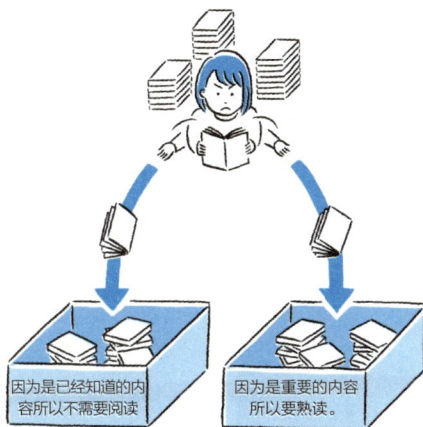

明确优先顺序，可尽早作出判断

更通俗易懂的说明而存在的，所以如果读不懂结论的话那就阅读一下具体事例吧。我在能读懂结论的情况下通常会略过具体事例。

我曾经读过一本书，书中非常罕见地将某个著名人物的轶事作为具体事例写了出来。当时我想，这个事例可以在发布视频时使用。于是读得十分认真，并记忆非常清楚。

在记住结论之后，我也会顺便记住典故。**我在读书时会寻**

求科学的依据（evidence），所以在阅读实用类书籍时，我会同时记住结论和典故。如果能意识到为什么要读那一部分，就可以在翻开书之后立刻判断出需要阅读的地方，阅读速度也会自然而然地得到提升。养成习惯之后，只需要看一眼目录，就可以判断出是否有必要阅读某个章节。

在翻开书开始选读之前，先决定好你想获得的知识和想要达成的目标吧！

至于全部都想记在大脑里的优秀书籍，是值得反复阅读的，所以原本就不是你选读的对象。重要的是要能够明确区分那本书是熟读的对象还是速读（快速阅读）的对象。为区分一本书中重要的地方和不重要的地方，让我们快速阅读这本书，并反复熟读书中重要的地方吧！

在读书时，可以以一种轻松的姿态来面对，如果有必要的话就再读一遍好了。**就像查字典一样**，这样才能更好地记住书中的内容。在这里我再强调一遍，单纯地追求阅读速度是没有意义的。

结论的依据

但是

之所以是因为

比如说

具体事例

结论

使结论更通俗易懂的内容

写明作者想表达的信息

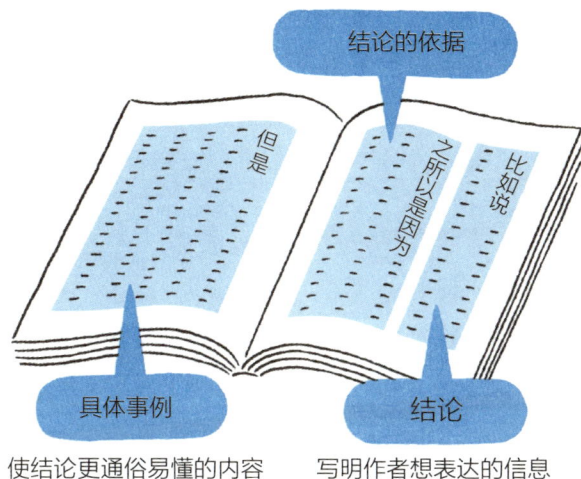

掌握所读图书的基础知识有助于提高阅读速度

要想使选读达到预期效果，有一个前提条件，那就是你要具备那本书所涉及领域的基础知识。

所谓选读是指对书中词语的含义进行筛选，并分辨其对自己来说是不是必要的知识。因此，如果是自己完全不了解的某种类型的书籍，是无法进行选读的。

下面以诺贝尔经济学奖获得者丹尼尔·卡内曼的著作《思考，快与慢》中的一章为例，来进行说明。

在谈到预测理论时：

"他比较倾向于风险回避，所以如果不是非常有利的机会，他都会拒绝。"

"她很富有，所以她觉得在乎一些小的得失并没有什么意义。"

"他把损失看得比利益更重要，这是非常正常的反应。"

第27章 禀赋效应——以使用为目的的财产和以交换为目的的财产

就算没有学过经济学的人应该也见过被称为两种财产的"无差别曲线"图表。

比如说，在看到这篇文章时，如果你不知道"风险回避"这个词，那么无论你怎么努力也无法正确解读；如果你也不知道"禀赋效应"和"无差别曲线"的含义，那么你大概就无法理解这篇文章了。

因此，为了能够进行选读，在选择书籍种类时，要以自己知道其基本的词汇和语言使用方法为前提。

那么，阅读什么可以掌握基础知识呢？

当别人这样问我时，我会回答说，"刚开始的时候读一些基本的书籍，比如教科书、入门书之类的图书"。虽然并不是从伊索寓言《龟兔赛跑》中总结出来的教训，但若想达到操控知识的水平，循序渐进是非常重要的。

比起这个也得读、那个也得读这种不管不顾的读书方法，一开始应该先阅读那个领域的教科书和入门书，打好基础。在刚开始接触某个领域时，无论翻开哪本书都会看到很多专业术语，因为书中的思考方式和我们日常生活中的思考方式不同，所以无法提升阅读速度。

对于不同领域，我所推荐的书也是不同的。如果让我推荐心理学书籍的话，像《西尔格德心理学》(ヒルガードの心理学) 这种教科书是比较好的。这本书很厚，有1000多页，所以很多人会觉得读起来需要花费很多精力。但实际上这本书中的字体很大，插画和图表很多，所以大家在阅读时可以像读资料集一样享受其中。

"即使这样我还是觉得这本书太厚了，不想读。"对于抱有这种想法的人，我推荐类似《心理学趣谈》(心理学·入門　心理学はこんなに面白い　改訂版)这种面向入门者的读物，在读过一两本之后，你应该就会逐渐对其产生兴趣。

就这样，当你孜孜不倦地阅读教科书和入门书时，心理学的基础知识会在你头脑中不断积累，**你也会开始习惯阅读该领域的书籍，并增长知识。于是，当你遇到一本新书时，就可以分辨出书中哪些内容是自己已知的，哪些内容对现在的自己来说是没必要阅读的。这样，你就可以缩短阅读一本书所花费的时间了。**

顺便提一下，除了《西尔格德心理学》之外，《心理学大图鉴》(心理学大図鑑)这本书也像资料集一样通俗易懂，特此推荐。

"速读"的结论

让我来总结一下以上内容吧。

掌握所选择的那本书所涉及领域的基础知识。

通过选读，决定可以忽略的部分，决定需要集中精力阅读的书籍或某一部分。

这两点是科学、正确的阅读技巧。在充分掌握基础知识的条件下，只阅读需要阅读的部分，才能使快速阅读成为可能。

如果充分掌握了基础知识，就可以判断出书中需要阅读的部分，还可以预测其内容。这样一来，就可以实现快速阅读了。

此外，在充分掌握基础知识之后，你也会注意到一个事实，那就是**值得阅读的书其实也没有多少。**

实际上，现在市面上所售卖的书籍，其内容构成大多是：沿袭过去的知识+作者的意见（占10%～20%）+新的事实（占10%～20%）。有研究数据表明，已掌握某类书籍基础知识的读者在阅读该类书籍时，对于该读者来说，每本书值得精读的部分只占该书的7%～11%。

这种寻找值得阅读的部分的方法就是科学且正确的速读技巧。

要点

一味地追求快速阅读并没有什么意义，比速度更重要的是选择值得阅读的部分的能力。

假象
2

"多读"的谎言

平时，在读书很少的人看来，那些被称为读书家的人一定读了很多书。而且，读书家们通过阅读大量书籍扩展了自己的视野，并因此进一步扩大了自己的读书范围。

书读得越多，所收获的效果也越大。这就是"多读"。

这和工作时间越长收入越高是同样的道理。对于它的真实性，现在还存有疑问。产生这种想法的根源是因为大家觉得所有的书都是好书。"快速阅读就可以读很多书，读很多书就可以增长知识"的这种想法其实是错误的。

泰勒·科文（Tyler Cowen）曾被英文杂志《经济学人》评为"过去十年最有影响力的经济学家"，并以读书家的身份为众人所熟知。他也曾说过，"对于读者而言，书读得越多，一本书中的信息价值就会越低"。

这是指，如果十分精通某种类型的书籍，那么读得越多，能够从书中获取的新信息就会越少，渐渐地连值得阅读的书也没有了。也就是说，书的价值会降低。

所以，没有必要大量阅读书籍。特别是对于不擅长读书、没有养成阅读习惯的人来说，相比"多读"，请更重视读书前的准备。实际上，如果省略了这一步，那么无论你读多少书，知识都不会停留在脑海里。相反，如果明确知道自己想要获取什么知识的话，即使面对很少的信息，也能从中掌握许多知识。

虽然我每天阅读10～20本书，但其中熟读的只有几本。

当然，通过"多读"所获得的知识和信息有时也可能会派上用场，但大多时候对每本书都一知半解，就放在一边不读了。

比"多读"更重要的事情

▼

多读，多获取知识

◎明确想要获取的知识后，即使面对很少的信息，也能获得很多知识

为什么"事前准备"可以提高读书效率？

我以前在欧洲旅游时，会在飞机和火车上学习当地的语言。

虽说如此，但其实我手里拿的都是类似《西班牙语旅游用语》《法语旅游用语》这种入门书。

因为我的英语不是很好，所以我有"学习使用世界各国当地的语言打招呼、在餐厅点餐和进行自我介绍"这个**明确的目的**，在到达当地之后，其**必要性**也凸显出来。

于是，我在乘坐飞机或火车的短时间内集中精力，一边想象着具体的场景，一边记忆会话中出现的单词和短语。

像这样一边具体地想象场景（输出），一边读书（输入），大脑会比平时运转得更快。

集中状态是指忘我状态。忘我状态原本存在于人类的紧急

读书时想象具体的对话场景，会提高对内容的记忆程度

系统中，在不具备充分条件时是无法启用的。

达到这种状态的条件只有两个。一是在遇到危险时；二是在认为能够获得对自己的成长和自己的生存有益的技能时。总而言之，如果无法具体地想象出"紧要关头"或者"掌握了它就可以得到的巨大利益"的话，是无法达到忘我状态的。

谁都可以在真正遇到紧要关头时拼命努力，却很难事先想象出具体情况。因此，就会陷入无法维持高强度的注意力和动力、即使读了书也记不住、无法掌握技能的境地。

这就像还没决定好做什么菜就去超市买东西一样，即使眼前有必需的食材，也不会注意到。

读书也完全是同样的道理。正是因为有了想获取的知识，才会注意到必要的信息，才会考虑它的"使用方法"。

因此，我在读书前、读书时、读书后都会做笔记。书中所写的内容总体来说是什么？可以用在什么地方？有没有可以成为依据的出处？我每次读书时都会把这些所思所想整理到笔记中。通过这种阅读方法，我实现了知识的最大化。

明确读书目的，帮助我提高了读书效率：比起阅读大量书籍，从少量书籍中获取大量信息；利用感情和专注力加深记忆，并实践。我认为，比起"多读"，这种事前准备是更为重要的。一味地进行大量阅读是没有意义的。

关于具体的事前准备的内容，我在第2章之后进行了诸多介绍。请大家详尽阅读。

打好知识的地基之后再进行"多读"

在掌握了基础知识、打好地基之后进行"多读"，是有一定的好处的。

这是因为，如果只阅读符合自己目的的必要书籍，将无法扩大自己的视野，会有一种走到某领域的尽头之感。

假设，你需要学习金融相关的知识，于是你以此为目的，阅读了金融类的基础书籍，并掌握了一定的知识。

之后，你又阅读了同类书籍中难度较高的书，从那些被称为古典的书到收集了最新情报的书，你都读了一遍。

结果，你对于以前看不懂的经济新闻、评论员和专家所说的内容也能理解了，你真正地喜欢上了金融这一领域。之后，你又阅读了内容更高深的书，进一步提升了自己的专业性。

在这整个过程中，没有错误的地方。

但是，正因为你在这个过程中获得了相应的阅读能力，所以说，其实你已经做好了"多读"的准备。我自己在对心理学感兴趣时，也是按照上述方法不断提升自己的专业性。读入门书、读感兴趣的心理理论的解说书、接触古典、接触最新的论文，等我注意到的时候，我已经达到了可以作为心理学家去解释人类心理的知识水平。

但是，从某个时候开始，我感觉自己被限制了。

虽然我知道许多心理学的知识，但对于活跃的经济领域却并不了解。使经济和金融运转的是人类，所以人类与经济和金融密切相关。但我之前却一直认为经济和金融领域是与自己无关的世界，和它们划清了界限。

如果只阅读自己有兴趣的、自认为有必要阅读的书籍，所

31

掌握的知识就会有所偏颇，世界也会变得狭窄。这样一来，会限制自己未来发展的可能性。

掌握基础知识之后，横扫各个领域吧

阅读不同领域的书籍可以激发新的想法和灵感

现在的我之所以可以发布很多视频、跨界各领域出版书籍，是因为我所阅读的书中，我感兴趣的领域占了七八成，剩下的则是我在没有考虑是否会对我有帮助的情况下随意阅读的书籍。

我平时也会阅读一些被很多人无视的精神类书籍，有时甚至是被当作反面教材的书。之所以还会继续阅读，是因为我在选读的过程中，总会发现一两个平时自己所不知道的信息。

大家常说，在商业领域中，持续性的创新和破坏性的创新缺一不可。 这句话用在读书这件事上是最恰当不过的。在打好基础之后，通过有意识地进行"多读"来扩展兴趣吧！

于是，你就会切身地感受到智慧上的愉悦：心理学的知识可以用到经济学的领域中；自己已经掌握的知识可以成为阅读其他类别书籍时的材料。

为尽早实现这种阅读方法，请阅读本书，然后尽快找到属于你的类型吧。

要点

- 读书的成果不是由数量决定的。

- 利用感情和专注力加深记忆。

- 即使从少量书籍中也能高效地获取知识。

假象
3

"选书"的谎言

你是不是也认为这世上的书分为对读者有帮助的好书和对读者没帮助的无用书呢？所以既然要读的话，就选择对自己有所帮助的好书，我十分理解这种心情。使用相同的时间，阅读好书、吸收必要的知识，是更有效率的。

但是，**书籍本身的价值会因读者的不同而产生很大差异**。

即使是同一本书，可能对我来说是一本好书，但对你来说却是一本无聊的书；可能对我来说书中写到的内容我以前就知道了，是一本没有阅读价值的书，但对你来说却可能是很难读懂的一本书。

在读之前苦恼于是不是一本好书，就像是在比较叉子和刀哪个用起来更方便、咖喱和饺子哪个更好吃一样。

特别是对于"不擅长读书""没有养成阅读习惯"的人来说，他们还没能掌握选书的技巧。

因此，在读书前思考这本书是不是好书是没有什么意义的。这就像是不习惯喝葡萄酒的人在葡萄酒卖场里寻找适合自己口味的葡萄酒，没有丝毫意义。

选哪个好呢……

思考"是不是好书"是在浪费时间

就像上文中反复强调的一样，从一本书中挑选出对你有用的知识和信息才是最重要的。

无论哪种类型的书都有阅读的目的

顺便说一下，我区分书籍是根据"输入用"和"输出用"来进行的。

因为需要阅读的书常常会根据具体情况和使用方法而发生变化，所以我对于所谓的"无用书"也会进行阅读。就像上文中说过的那样，思考是不是好书，然后对书籍进行选择，对我来说是没有意义的。

"输入用"的书籍是指古典、名著等值得读者将书中内容牢牢记住的好书。这些书有被证据支撑的结论，是可以一直被阅读的书籍，所以是"输入用"的书籍。这些书是无可挑剔的，但是，对于"无用书"却想挑毛病，所以可以在输出时使用。

这是怎么回事儿呢？

在阅读"无用书"时，虽然可能无法对其内容产生共鸣，但这也会成为读者对这本书的主题或数据"实际上是什么情况"产生疑问的契机，会成为读者思考**"如果我自己重新将这本书改写得有趣一些会产生什么样的效果"**的材料以及调查科学依据的动机。

比如，在健康类书籍中发表绝对性的言论的作者，通常都缺乏一种能够公正地看待和分析信息的能力。这也就是所谓的立场谈话（position talk）。因为他们只选择对自己的立场有帮助的信息，因此读者在阅读时就会产生一个疑问："**如果将书中的内容付诸实践后却看不到效果该怎么办？**"

因此，读者需要用迄今为止自己所拥有的知识和经验来修改对书中存有疑问的内容，这就是所谓的输出。对我而言，**"无用书"**就像是**"问题集"**一样的存在。

在阅读实用类书籍时，由于我会要求这本书有科学的依据，所以在阅读时我会着眼于这本书的可靠性。

我会查阅作者的简历，比如在此之前做过什么研究、在哪

"无用书"会更容易进行输出

个大学教过书、出过什么书等。

除此之外，如果书的作者是我最近阅读过的比较好的书中所列"典故出处"或"感谢词"中所提到的人（作者的同事等），在大多数情况下这会是一本好书。

在我使用这种阅读方法进行阅读后，随着我的阅读量不断增加，阅读"输入用"书籍的比例开始不断减少，现在我所阅读的"输入用"和"输出用"书籍比例达到了1：9。对我而

言，由于大部分的书都成为"输出用"的书籍，所以我的阅读
热情一直十分高涨。

比"选书"更重要的事情

▼

只读好书

◎也要阅读不好的书，从中获得新的想法和输出
的灵感

这是因为，对我来说无论哪种类型的书都需要有阅读的目
的，在这个阅读范围中，无论是什么样的"拙作"，对我而言
都不会是白读的书。

**比起思考是不是好书，思考自己想要获取什么知识更能增
强阅读的效果。**

归根结底，阅读效果取决于读者对书的使用方法。如果只
考虑输入的话，就会忽视输出的部分。

要点

- 只读好书就可以了是一种幻想。

- 重要的是，无论对于什么书都要有能够对其进行
  输出的态度。

操控知识的读书循环法

到此为止，我已经讲述了关于读书的3个误解和真相。

读完书后却感觉不到对自己有什么帮助是因为搁置了这两个问题：没能正确理解内容；读完后没有记住书中的内容，所以没办法实践。

我曾经尝试阅读过一本畅销的商业书，但无法产生共鸣。

我也曾尝试阅读过上司如何指导下属的实用类书籍，但没有对我的工作产生任何帮助。

要想摆脱这种状态，**需要我们做好读书前的准备并知道能够发挥书籍作用的阅读方法**。

因此，在第2章之后，我会按照下页图所示的循环，向大家说明读书的方法。

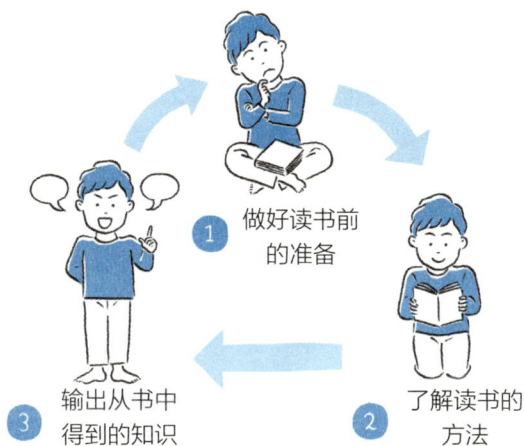

为完成以上每个步骤，需要我们了解必要的技巧和思考方式。接下来，我会分别对每一步的概要进行说明。

第 1 步　做好读书前的准备

在书中画线或把书的一角折起来，告诉自己这个地方很重要，一定要读懂，但没过多久却连刚才画线的地方在哪都想不起来了。之所以会出现这种情况，是因为没有做好阅读前的准备，没有明确自己读这本书的目的，就开始阅读了。

在读书时最重要的就是**明确自己想要从书中获取的知识**。所以，让我们在尽可能明确自己的目的之后再进行阅读吧。

在第2章中，我介绍了如何得到科学验证的激发兴趣的方法。即使动机和专注力有所下降，但只要想起自己最初的目的，就能使之恢复。

第2步　了解读书的方法

通过接受学校教育，大家都能够进行阅读。但是，这并不意味着所有人都能够进行有效阅读。这是因为虽然老师教授了汉字的读法和阅读文章的方法，但老师没有教给我们有效的读书方法。

因此，当别人针对我们曾读过的书籍内容进行提问时，我们只会回答"我记得好像在书里哪个地方写过""我忘了"。
这是对大多数人而言经常发生的情况。正因为如此，了解读书
的方法就显得尤为重要。

这里我所说的读书方法是指，**以能够使用在读书中获取的
知识为前提的方法、能够将书中内容运用到实际生活中的方
法**。要想使用知识，当然要先理解并记住知识。在第3章中，
为了能让大家更好地进行阅读，我会对最新研究所指出的具体
技巧和方法进行介绍。

第 3 步　输出从书中得到的知识

我们的大脑在想要输出信息时，其记忆力会增强。因此，
一边想象如何使用阅读中得到的知识，一边思考输出的方法，
是十分有意义的。

反复琢磨从书中得到的知识，"如果这样说的话，对方能听
懂吗""为了让对方理解，怎样进行说明比较好呢"，通过这种

反复的尝试和摸索，能够让我们更好地记忆书中的内容。

在以上三个步骤中，最重要的是"第1步，做好读书前的准备"。

能否让手中的书发挥作用，丰富自己的人生，与是否进行了"第1步，做好读书前的准备"息息相关。

花费时间进行阅读前的准备，能够加快我们实际阅读时的速度，提高我们的阅读效率。

花费时间进行阅读后的实践，能够让我们更好、更久地记住书中的内容。

只要做好阅读前的准备，读书的70%就已经成功了，这一点儿也不夸张。

意识到这个循环，你对读书的印象会发生很大的转变。在接下来的第2章，我会对做好读书前的准备进行具体的说明。

专栏　过目不忘的记忆法

我们的大脑为什么会忘记原本已经记住的事情呢？

这是因为**大脑会优先记忆与生存有关的重要信息，并由此不断进化而来**。

在街上与自己擦肩而过的人的模样、在手机上浏览过的无数新闻内容，这些与我们的生命危机无关的信息很快就会被忘记。这是大脑为了生存所必须具备的机能。

虽说如此，明明不想忘却忘了、明明不能忘却忘了的情况也时有发生。如果能根据自己的意愿选择想要留在记忆里的事情就好了，只可惜没有这么容易的事。

但是，有能够实现这一愿望的方法。**那就是了解记忆的构造，实践高效率的复习方法**。不是像学生时代准备考试那样死记硬背，而是创造出一个能够回忆起往事的构造。

■ 有效的记忆术

首先，人类的记忆分为短期记忆和长期记忆两个阶段。

比如，在阅读时觉得自己已经记住的内容却一转眼就忘了，就是因为记忆没有成为长期记忆。在短期记忆的阶段，即使记住了内容，当有新的信息进入大脑后就会立马忘记刚刚记住的内容。

那么，怎样做才能让自己想要记住的事情更容易停留在长期记忆的阶段呢？全世界的脑科学家和心理学家们对记忆的构造进行了研究，并给出了防止记忆外流的最佳复习时机。

最佳复习时机是在忘记的时候进行复习，也就是"那个，是什么来着？""我刚刚还想起来了"的瞬间是最好的复习时机。虽然，我们长久以来都认为趁着还没忘记的时候复习是最好的，但其实这是错误的。

在还没忘记的时候复习，实际上是将短期记忆重复了一遍又一遍。在这种情况下，即使自己觉得已经记牢了，但实际上却并没有形成长期记忆，所以还是会马上就忘记。

另外，在刚忘记的时候进行复习，就是我之前所说的"优先记忆与生存有关的重要信息"这一大脑的特性在发挥作用。在这个时候所产生的懊悔、焦急等强烈情感会成为记忆的关键。**"特意想要记起的"**等同于**"一定是重要的信息"**，这就是更容易成为长期记忆的原因。我个人的情况是每过5分钟就会复习一次。

总之，抓好时机进行复习，**"回忆作业"等同于"想起"，可以刺激大脑和感情，并加深记忆。**

有效的记忆术

▼

如何确认已经记住的事情

◎ 如何回忆起已经忘记的事情

■ 通过回想使记忆得到强化

为了能利用记忆构造记住读过的内容，我实践的有效方法是小测验。

步骤很简单。

1. 读完有自己想记住的内容的那一页之后，把书合上。
2. 现在，开始回想刚刚读完的那一页里写了什么内容。

通过回忆，使短期记忆成为长期记忆

大家可能会觉得如果是刚读完的内容，会很容易想起来。但实际操作之后就会发现，一两分钟前读完的那页内容也会在记忆中马上变得模糊不清。

在刚开始使用这个方法时，可以每一页为单位来进行小测验，在习惯之后，则可以每一个大标题、每一章为单位来进行。在这个过程中，自己在头脑里总结出作者最想说的是什么，这里最有意思的概念是什么。

不需要纸和笔，只需要把书合上然后回想就可以了。通过这一系列的操作，使记忆成为长期记忆的概率可以上升50%～70%。

■ 临阵磨枪的学习很难形成长期记忆

此外，能够更好地记住所读内容并将其活用的复习方法是分散学习法。

这是逐渐延长复习间隔的技巧。留出间隔，重复进行小测验。通过记起能够使之成为长期记忆的信息，并将其与自己的其他记忆相结合，便能够记得更加深刻。

每间隔一定的时间，重复想起这一行为，可以给予大脑有效的刺激，进一步提高记忆的稳定率。

那么，在分散学习中，间隔多久进行复习是最好的呢？关于间隔时间，一位名叫皮奥塔·沃兹尼亚克（Pitor Wozniak）的19岁波兰大学生以学习英语时的数据为基础，总结出了最佳的复习时机。

第一次的复习在1～2天后进行

第二次的复习在7天后进行

第三次的复习在16天后进行

第四次的复习在35天后进行

第五次的复习在62天后进行

由于这个时间表是以人类记忆衰减时间的平均值为基础而制成的，所以具体执行时可结合我在前文中提到的"在忘记时复习"。

但是，执行如此细致的时间表并非易事，所以我将与读书有关的复习时机分为三个阶段执行。

第一次的复习在1天后进行

第二次的复习在一周后进行

第三次的复习在1个月后进行

以这种间隔来复习等同于重新阅读书籍，可以加深对内容的理解，牢固记忆重要的内容。

不是在阅读时进行记忆，而是在合上书之后在大脑中回忆内容。

从今天开始，请一定尝试一下这个方法。

第**2**章

提高阅读
质量的
3个准备

在第1章中我已经说过了，作为读书前的准备，从自己的目的和动机出发，具体地确定想要获取的知识，这一点在读书术中比什么都重要。

但是，一定有人会觉得对于还没读过的书，很难有明确的目的。

有这种疑问是很正常的。如果你不知道关于未读之书的应对技巧，是无法做好阅读前的准备的。

因此，在本章中，我会对与阅读前的准备有关的三个有效技巧进行介绍。

经常失去读书动机的人请试试"心理地图"（Mental Map），读完也记不住内容的人请试试"好奇心差距"（Curiosity Gap），总是无法读完一本书的人请试试"自我检测"（Self–test）。当然，如果把这三个技巧都付诸实践的话，会切实地提高你的读书能力。

提高读书质量的三个准备

那么接下来该如何进行阅读呢？通过做好阅读前的准备，能够切实地提高大家的阅读能力。

准备
1

活用笔记来绘制心理地图

维持动机和集中
力的魔法笔记法

作为阅读前的准备，最简单且行之有效的方法就是绘制心
理地图。心理地图是指将自己人生的目标和行动分条列举出
来，使之视觉化。其效果就如该方法的字面意思一样，将在读

书过程中不会迷路的**地图**展示给我们。

人类在行动时总会察觉到一些应该这样做的理由或这么做会对自己有什么好处。但是，在日常生活中，我们却经常会忘记自己为什么要开始做这件事。

这样一来，我们就无法发现自己正在做的事情有什么意义，进而对自己的行动感到犹豫，并因此遭受挫折。

针对人类的这种心理活动，哈佛大学的心理学家肖恩·埃克尔提出了避免挫折的方法，这个方法就是心理地图。

在采取某种行动时，在笔记中写出采取行动的理由、可以带来的好处以及自己所期待的事情。然后在产生困惑时重新看一下自己的心理地图。这样一来，大脑就会重新确认自己所采取行动的意义，就可以重新充满干劲儿。

我把这个方法应用到了读书中。**目的是持续保持兴趣，使中断了的专注力复活。**

我经常会听到不擅长读书或只买书而不读的人们这样说，"虽然开始阅读了，但只读了10页左右就把书合上了""中途对别的书感兴趣，于是就去读别的书了，结果每本书都没能读完。"

造成这种现象的原因是读者**失去了阅读那本书的意愿**。这与"专注力中断"等同于"无法通读"息息相关。

当然，也存在一些作者写的内容无法让读者保持兴趣继续阅读下去的问题。如果读者总是读一会儿就不读了，并且不断重复这个过程的话，读者本身对于那本书的阅读兴趣就会降低，而且也会越来越觉得自己不擅长读书。

抱着自己不擅长读书的想法，却陷入不得不读书的境地时，许多人就会选择依赖于没有科学依据的速读术。但即使采用了可以轻松进行阅读的速读术，其结果也并不理想。

而且，因为无法很好地进行阅读，所以会越来越觉得自己不擅长阅读，进而连书也不想拿起来了。恶性循环也由此而产生。

对于这样的你来说，所缺少的就是**通读一本书的能力**。要想拥有这个能力，需要你保持阅读兴趣，使经常中断的专注力复活。

活用笔记能够轻松读完一本书

让我们赶快做好读书前的准备，活用笔记吧！首先，在读这本书之前，**想一下自己所困惑的问题、所关心和感兴趣的地方**，比如为什么想读这本书？想从这本书中得到什么？希望自己读完这本书之后达到什么样的状态？

接下来，针对这些问题写出答案吧！

为什么想读这本书？

- 想在下下个月的圣诞节之前和她交往
- 想1个月瘦1公斤

想从这本书中得到什么？

- 想知道如何和年轻同事保持良好的人际关系
- 想知道人生第一次独自旅行需要做些什么准备

希望自己读完这本书之后达到什么样的状态？

- 希望自己能够消除对于未来金钱方面的不安和困惑，专心

工作

- 希望能学到"调节压力的方法"，改善疲惫的状态

　　将自己写好的这些笔记夹在书里，或者记在手机的笔记功能里，在读书时放在身边。也可以写在书的封面或书签的背面，然后，在阅读过程中遇到读不懂的内容时、无法集中精力时或不想读的时候，就重新看一下自己的笔记。这样就会想起自己读这本书的初衷。

　　"为什么想读这本书?"

　　"想从这本书中得到什么?"

　　"希望自己读完这本书之后达到什么样的状态?"

　　原来是这样啊，原来自己是因为想要"这个"才拿起这本书的。

　　这样一来，就可以重新找回自己对这本书的兴趣，对于书的期待值也会变高，并且能够重新集中注意力进行阅读。

好无聊~

精力充沛~

活用心理地图，轻松读完一本书

从目录中找到阅读目的

　　但实际上我注意到，在描绘心理地图时也会遇到这样的情况：很难将自己写出的三项内容与书中的内容相关联。

　　举个例子，当我们想要成功减肥而选择去读一本减肥书籍时，就可以很轻松地描绘出心理地图，这是因为我们的阅读目的和书中所写的内容基本是一致的。书中写着瘦身饮食方法、运动方法、改善生活习惯等内容，在我们的心理地图中也可以写出"想在夏天来临之前瘦×公斤""为了将来的健康""想要改变自己"等明确的目的。

但是，对于更高难度的专业类书籍或者类似"增强热情""使灵感迸发的方法"等指向性不明的实用类书籍，会使本应在心理地图中写下的三个目的也因此变得模糊。

目的不明确的心理地图会与书的实际内容产生分歧，读者也会因此很难找回想要读书的欲望。

因此，为了能更有效地发挥心理地图的作用，让我们先来看一下书的目录吧！

假设我们现在想要学习能够对自己的工作起到帮助的心理学，然后我们拿起了一本经典著作《细节：如何轻松影响他人》（影響力の武器なぜ、人は動かされるのか）。这本书一共有400多页，正文内容也都排列得密密麻麻。

所以，能够从第1页开始按顺序仔细阅读这本书的人都是阅读高手。

在这种情况下，就让我们从目录开始，找出让我们感兴趣的章节题目或标题吧。

假设我们对于以下三个章节题目感兴趣。

对"第 2 章 报恩性——从古至今的'给予和获得'"感兴趣的理由：总觉得自己之前好像听说过，所以这章应该比较容易理解。

对"第 7 章 稀少性——与稀有事物有关的法则"感兴趣的理由：将来自己也想成为稀有人才。

对"第 8 章 省事的影响力——自动化时代的原始承诺"感兴趣的理由：想了解心理学的法则，并对周围的人产生影响。

接下来，问自己这三个问题：为什么想读这本书？想从这本书中得到什么？希望自己读完这本书之后将达到什么样的状态？

在考虑这三个问题的过程中，应该就可以描绘出如下的心理地图：

1　想学习心理学，提高销售业绩。

2　想学习第2章报恩性和第7章稀有性的内容，认识在日常
生活中没有机会接触的人，扩展自己的人脉。

3　想了解职场中和自己同时入职的同事们的心理，在人际
关系中占据优势。

心理地图让你重拾阅读欲望

坦率地描绘出自己的心理地图，可以在我们读书读不下去
时，帮助我们重新找回读书的欲望。

在读书过程中，每当我们无法集中精力阅读时，就可以看
一下自己的心理地图，重新确认读书的意义和自己对这本书感
兴趣的原因，比如"有这样的优点""可以期待学到那样的知
识""也许可以让自己变成这样"等。

除了目录以外，在描绘心理地图时也可以参考亚马逊的书
评或自己喜欢的书评家的评论。

顺便说一下，我个人的做法是在和单词本差不多大小的索引卡片（比所读书的一半大一点）上描绘心理地图的，然后将卡片夹在书中。

在卡片上写出三个自己想从书中学到的东西、对于这类书籍的兴趣点等。

然后，在卡片的背面分条列出为什么读这本书对自己来说很重要。

也就是，将罗列着"**三个目的+阅读理由**"的心理地图当作书签来使用。

这样一来，在合上书时或重新打开书时，肯定会看到卡片正面和背面的内容。这样的话，即使对于很难读下去的专业书，也能顺利地把必要的部分读完。

大脑总会被有意义的文章吸引

在旅行或工作中，我们会使用地图来查找目的地。

如今，在智能手机里打开地图App，输入目的地的地址或名称，然后跟着地图所显示的路线走，就可以顺利地到达目的地。

在读书时，我们常常会想，"有好多不懂的成语啊！""这本书有意思吗？太难了，读起来也太费劲了吧！""读完之后真的有用吗？"

当我们边读边在脑海里有这样的想法时，只要拿出心理地图进行确认，**就可以重新记起我们应该走的那条路（兴趣和专注力）和目的地（读书的动机）。**

因此，越是在读很难读下去的书或为了学习而读的书时，心理地图越能发挥作用。相反，对于可以轻松阅读的书或自己很感兴趣的书，可以不用回看心理地图就能读完。这是因为我们没有迷失路线，忘记目的地，而是一直在前进。

心理地图为什么可以发挥作用呢？大脑的运作也可以对此进行说明。

比如，你是否也有过以下经历？

- 在得知朋友怀孕后，你在电车（类似于中国的地铁）中看见带孩子的人的次数就会突然增加了。
- 在坐惯了蓝色轿车后，你在街上看见蓝色轿车的次数也增加了。
- 在购买了某公司的股票之后，就会经常看到与那个公司有关的新闻和广告。

实际上，看到带孩子的人的次数、看到蓝色轿车的次数、看到特定公司的新闻和广告的次数并没有增加。但是，因为自己和孩子、蓝色轿车以及公司之间有了更深的关系，所以在意识里自己看到这些事物的次数也增加了。

这种现象在心理学中被称为"色彩浴效果"。指的是，一旦大脑意识到某个事情，就会在无意识的状态下收集与之相关的信息。心理地图就是通过多次向大脑传递"自己想从这本书中获取的信息是什么"来发挥效果的。

要点

　　若能描绘出心理地图，就可以保持高涨的热情继续阅读下去。

准备
2

填补好奇心差距

使大脑变得有趣，
填补知识的差距

"好奇心差距"是为记住书中内容而做的准备，也就是意识到自己原先所拥有的知识和书中所写的自己未知的知识之间的差距，刺激好奇心，从而使自己更容易记住书中的内容。

这种方法巧妙地利用了意识到知识的差距，并条件反射般地想填补差距的人的心理。

刺激好奇心可提升记忆力

当我们接触到自己感兴趣或关心的事情时，好奇心就会被激发出来。于是，大脑中被称为奖赏系统的区域就会变得活跃。奖赏系统和我们的动力有很大的关系，这个区域的大脑越活跃，我们的干劲儿就越足。

而且，奖赏系统与大脑中掌管记忆力的海马体相连。对于大脑各部位而言，如果相邻区域变得活跃，其自身部位也会容易受到影响而变得活跃。总之，好奇心使奖赏系统变得活跃，海马体也随之变得活跃，记忆力也因此而有所提高。

好奇心差距就是事先了解了大脑的这种特性，然后进行阅读。

提倡这种方法的是美国斯坦福大学商学院的教授奇普·希思，这种方法依据的是2014年在加利福尼亚大学进行的实验。

　　美国加利福尼亚大学的研究团队给参加实验的学生们出了
100道题。题目的内容从披头士乐队的传记到恐龙的生态，再
到世界上最长的站牌名等，涉及多个领域。

　　在回答问题期间，参加实验的学生们均佩戴着名为FMRI
（功能性磁共振成像）的监控大脑运作的仪器。在实验中，出
现了下面这种现象。

　　在听到问题和回答后，掌管大脑好奇心的区域变得活跃的
学生，有71%的概率会记住问题的答案；另一方面，没有变得
活跃的学生，其记住问题答案的概率只有54%。

　　在好奇心区域活跃的同时，可以看到海马体也有活跃的倾向。

刺激好奇心，可提升记忆力

73

从这些结果来看，由好奇心而引起的多巴胺分泌对记忆的效果有很大影响。

此外，在问答测验的间隙，研究团队还对学生们进行了"初次见面的人脸照片"测验。据实验发现，如果学生们在之前的问答测验中回答的问题是自己感兴趣领域的问题，这时掌管他们大脑好奇心的区域会处于活跃状态。根据对比研究发现，在看照片时掌管大脑好奇心的区域处于活跃状态的学生比大脑不处于活跃状态的学生成绩高出2倍多。

研究团队对此进行了如下说明："在好奇心被强烈地激发时，大脑中与动机和记忆有关的部位会变得活跃。在这种状态下，人们不仅会对自己感兴趣的事物记得牢固，对自己不感兴趣的事物也能清楚地记住。"

总之，在好奇心被激发的状态下，我们大脑的记忆力会有所提高。

如何实践"好奇心差距"?

那么,在正式进行阅读前的准备时,如何实践"好奇心差距"呢?

做法很简单。准备一个笔记本,确认接下来想要阅读的书籍种类和主题。比如,如果想阅读与投资有关的书,读之前就在笔记本打开后的左边这页写出自己现在已经知道的与投资有关的知识。

左边页(已经知道的事情)

关于个别商标的股票投资(实际进行的)

窝工损失平均法(曾听说长期投资是有利的)

在选择投资信托时寻找手续费便宜的

个人参与外汇、外汇存款的风险较大

即使购买金融机构推荐的产品,也不一定会盈利接下来，一边浏览目录，一边在右边页写下自己感兴趣的标题。

右边页（感兴趣但不了解的事情）

指数型基金是什么？

Nisa[①]和iDeCo[②]的优点是什么？

如何无压力地对待一时的价格变动？

购买国债的时机是什么时候？

最适合为孩子储存今后20年学费的投资商品是什么？

这些处于自己现有知识延长线上的新信息，可以刺激我们的好奇心。在这种状态下开始阅读，可以增强我们对于内容的理解程度和记忆力，使书中的内容停留在我们的大脑里。

此外，意识到自己已有的知识和书中所写的自己并不知道的知识之间的差距，**可以让我们更清楚地知道书中哪些地方不**

---

① Nisa：一种用于日本证券投资、交易的银行账户。

② iDeCo：相当于个人养老金。

读也可以。这些地方所写的内容和自己已有的知识是重复的，所以跳着读也没关系；这一章写了自己不知道的知识，而且自己很感兴趣，所以想认真地读完。这样一来，**可以提升阅读速度，并且更有效地吸收知识。**

想象作者的性格能够更好地进行阅读

接下来，我来介绍实践"好奇心差距"的另一种方法。这种方法就是搜集与作者有关的信息。

首先，翻到将要阅读的这本书的最后一页，核对一下在最后一页上刊登的作者简历和照片等。这样做的目的是更有效地刺激我们的好奇心。

你对于在书中读到的内容以及你与其他人的对话，哪个印象更深刻呢？

大多数人在被问到这个问题时，都会回答"对于面对面对话的印象更深"吧？和很久不见的朋友一起回想之前一起吃饭的时候都聊了些什么，是从什么话题开始聊起的，这并不是一件难事。

比起书中的内容，我们能更清楚地记住对话的内容。

这是因为**我们在对话中投入了感情**。与"感情是记忆的钥匙"有关的内容，我在"过目不忘的记忆术"这一专栏中也有提及。

愉快的、开心的、有趣的、大笑的、有兴趣的、生气的、焦虑的、悲伤的、与自己想法不同的……**这些感情与对话的内容相结合，使我们能更牢固地记住在对话中提及的信息和事情。**

为了能将这种感情的作用运用到读书中，在最开始阅读的时候请先看一下作者的简历和照片吧！然后，在了解了作者的性格后，以想象在与作者对话的形式来享受阅读的乐趣。

在聊到有趣的事情时，人们会将它传达给对方。

在聊到焦躁的事情时，人们会抱怨。

当觉得对方说得不对时，人们会说"我有不同的想法"。

在读书时也来做同样的事情吧！**所谓读书，就是和作者之**

间的对话。

所以，我们要从作者的简历和照片入手，准确地推测作者的性格，也就是想象作者的性格。这有种猜谜的感觉。

想象在自己面前的这个作者的形象，是高还是矮？说话时会驼背吗？笑的时候是什么样的感觉？是沉默寡言的还是喋喋不休的？在自己的朋友中有和作者类似的人吗？

确认作者是一个什么样的人，生活在什么样的时代，这本

这个作者的心理是……

推测作者的性格，可以更好地记住书中的内容

书是作者的第几本著作。因为书在作者的人生中有存在的必然性，有作者想要表达的东西，所以才会写下来。

因此，一边思考作者是出于什么样的必要性而写了这本书，一边阅读，可以清楚地了解作者最想要传达的主题是什么。

之后，一边浏览目录**一边想象，如果真的见到这个人，我会想和他说什么呢？**如果是我的话，会问什么问题？……思考完这些问题之后，想象会变得更加具体。

读书时，在自己面前放一把椅子也是个不错的做法。

想象作者坐在自己面前，然后进行阅读，这样可以提高我们的注意力。因为作者就坐在自己对面，所以也不能玩手机。集中注意力和作者进行对话，可以让我们更好地记住书中的内容。

· 要点 ·

"好奇心差距"是为营造容易记忆的大脑状态而进行的心理准备。

准备
3

进行自我检测

了解失败的原因，掌握
高效的阅读能力

第3个读书前的准备是：**通过自我检测，了解自己当前的水平。**

澳大利亚墨尔本大学的研究团队定期对过去与读书术有关的论文进行调查，并将自我检测**作为提高学生理解课本内容的方法传播开来。**

我所感兴趣的是，在这个方法中也提到了失败的原因："为什么不能持续阅读。"在读书前进行自我检测，就可以检查出自己平常读书时会在哪些地方受挫。

是因为不知道×××，所以无法顺利地阅读吗？

问题在于×××，是不是觉得自己不擅长读书？

在读书前进行5分钟的自我检测，确认自己无法顺利阅读的原因。在知道对策之后，**就可以消除认为自己不擅长读书的潜意识。**

此外，进行自我检测也是为读书过程中遇到挫折而事先做好的准备。

即使又遇到读到一半就读不下去了的情况，由于事先了解了自己经常遇到挫折读不下去的地方，所以挫败感会比较小，因此也能够更快地从挫败感中走出来，继续阅读。"果然自己缺乏基本的词汇……**这样的话，为了继续读下去，就努力学习**

必要的词汇吧！""第一次读这种类型的书，却选了一本难度很高的书。既然这样，就从入门级的书开始读吧。"

接下来，我来介绍一下在墨尔本大学的自我检测实验中所使用的10个检测项目。核对你自己符合的数字，并判断你现在的理解能力处于什么水平吧！关于墨尔本大学针对每个挫折所推荐的对策，我稍后也会进行说明。

1 没有充足的时间和动机

2 难以维持专注力

3 无法加快阅读速度

4 词汇量不足

5 无法选择应该集中注意力阅读书中的哪一部分

6 无法理解新的理论和具体的信息

7 无法抓住要点和讨论的重点

8 无法推测证据的价值

9 缺乏理解书中内容的背景知识和经验

10 不熟悉的领域

以上内容里你有几项符合呢？

在大多数情况下，无法顺利阅读一本书，是由多种原因共同造成的。我们并不需要立刻解决所有原因，但可以针对每个原因采取相应的对策。并且，在实行对策时，成为受挫原因的状况也可以得到改善。

实现零压力阅读的 10 个对策

接下来让我们一起来看看墨尔本大学的研究团队所推荐的对策吧！

有几个对策可能会让我们觉得是理所当然的，**但如果真的做到了，其结果会产生很大差距。**

1. 关于"没有充足的时间和动机"的对策

关于动机，前文中所提到的明确阅读目的的心理地图就是强有力的对策。

关于"充足的时间",许多人对此所预估的时间都太长了,特别是不擅长读书的人。因为他们觉得读书真的太费劲了,所以这种倾向就会格外强烈。为读书提前留出两个小时的这种做法,对于忙碌的上班族来说是不现实的。利用上下班途中的15分钟或上班时的30分钟休息时间等空闲时间,以暂且先读一下的态度来开始读书吧!

2. 关于"难以维持专注力"的对策

关于这个问题,心理地图也能起到作用。除此之外,也推荐大家创造一个容易集中精力的环境。

只在这10分钟内集中精力,然后开始用计时器计时,进行阅读。当计时器响起后,进行1~2分钟的冥想或休息,之后再重新进行10分钟的计时。像这样,创造一个容易使自己集中精力的环境,能够让自己避免因精神分散而导致无法阅读的情况。

关于专注力,训练工作记忆和冥想是比较有效的。具体可参考93页的专栏或者我之前的著作《超集中力》。

3．关于"无法加快阅读速度"的对策

就像我在第1章中所说的那样，只是单纯地进行快速阅读是没有任何意义的。

如果说快速阅读有优点的话，那就是可以通过快速读完一本书来增加你遇到好书的概率。我每天读10本、20本书，也是因为想遇到更好的书。

但是，即使不追求速读，而是跟着喜欢的作者，阅读那个作者所推荐的其他类别的书，或者试着去信任评价比较好的书评家，也可以有效地提高遇到好书的概率。

4．关于"词汇量不足"的对策

在阅读专业类书籍时，如果遇到很多专有名词、业内用语、外来语等第一次见的词汇，就会很难继续读下去。

在这种时候，可以把第一次见的单词、自己觉得很难理解的专有名词记在单词本上吧。具体的做法我会在第3章中进行说明，但不需要像准备考试一样，把单词本上的内容全都背下来。重要的是，要在写单词的时候，**利用这种无法阅读的遗憾**

以及无法理解的焦虑等情感，以这种情感为诱饵，在专栏"过目不忘的记忆法"（第47页）中所提到的时机，进行回忆书中内容的小测验。这样一来，词汇量有所增加，我们也能够继续阅读书中的内容了。

5．关于"无法选择应该集中注意力阅读书中的哪一部分"的对策

比如，当你在餐厅里点一份套餐时，你最期待套餐里的哪道菜呢？这个问题的答案会因各自的饮食偏好不同而有所不同，但大家应该都能立刻找到自己最期待的那一道菜。

或者，在第一次去巴黎旅行时，大家也能从旅行指南中找出自己一定要去的景点。

但是，在实用书、专业书和商业书中迷路的人却不在少数。这是因为内容越丰富，选项就越多。

在阅读时总觉得这里也重要，那里也重要，必须认真阅读才行。这样一来，阅读就会成为一种压力。

解决这个问题的对策就是舍弃必须从头读到尾这一想法。

此外，运用我在第1章中所提到的选读技巧，从目录中选出自己认为重要的某一章进行阅读。特别是对于内容非常丰富的书，只需阅读自己感兴趣的几十页内容，就可以收获很多知识。

对于非常厚重的专业书，就挑选自己感兴趣的部分进行浏览阅读吧！如果决定一本正经地一天读10页的话，会给自己造成很大的压力。

6. 关于"无法理解新的理论和具体的信息"的对策

假设你选择了一本讲虚拟货币和区块链的书，那么在这本书中可能到处都是凭借互联网出现以前的常识所无法理解的理论和信息。在这种时候，重要的是，不要想着完全理解每个内容。

具体内容我会在第3章介绍阅读技巧的"关联阅读"中进行说明。无论是什么样的新理论、新知识，都会有它的前提理论和知识。在它们的前提理论和知识中，应该会有与你所掌握的知识相关联的内容。

首先，找出自己可以理解的地方以及它与自己所拥有的知识的共通之处。这样一来你就会发现，即使对自己来说是全新的理论，其内容中60%～70%的部分也是和原有的理论相关联的。

其次，不要遇到不能理解的地方就半途而废，应该将其共通之处作为支撑点，来扩大理解的范围。

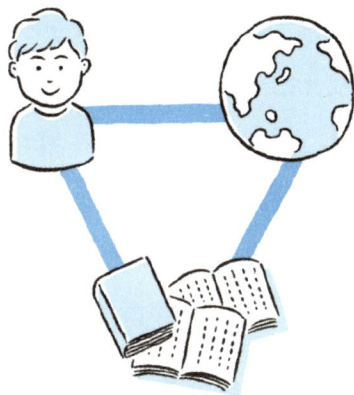

"关联阅读"是指将自己的理解、经验等与书中内容相关联的阅读方法

7. 关于"无法抓住要点和讨论的重点"的对策

这个问题是无法区分必须读的要点和即使不读也没关系的内容的苦恼。

但无论是什么类型的书籍，都可以将其内容分为"作者发自内心地想传递给读者的内容"和"不是这样的内容"。说得极端一点就是，为了使主题更容易理解而列举的事例和如同自我介绍一样的回忆场景都可以略过不读。

关于这一点，我在第1章中已经进行了说明。但是，在书中会有一定的分级构造，通过注意"但是""总之""比如"等词，可以区分出需要阅读的部分和可以略过的部分。

但是，如果阅读量少的话，就无法注意到书中的分级构造。而且，如果有想从最开始读到最后的这种想法，就会觉得这个也重要，那个也重要。所以在读的过程中就会非常累，无法继续读下去。

我们要做的就是知道书中有必须阅读的部分和不读也没关系的部分，然后，掌握区分这两部分的方法。

8. 关于"无法推测证据的价值"的对策

当我们在读书的过程中，产生"这里写的内容值得信赖吗"的疑问时，就会无法记住书中的内容。"作者虽然是这样写的，但这只是他个人的经验之谈，会对我有帮助吗？"

我个人认为，不必阅读没有科学依据的技巧和指南。

关于证据（科学依据）的价值，可以从书末所列出的参考文献、作者的个人简介以及出版的著作里类推出来。

如果书中有对实验和论文进行介绍的话，还可以通过网络进行检索，调查那个实验的规模和论文的权威程度。

9. 关于"缺乏理解书中内容的背景知识和经验"的对策

不具备理解书中内容所需的背景知识和经验，阅读自己不熟悉领域的书籍，就相当于虽然想学高数，但连算数都不会。作为对策来讲，没有捷径：**从入门书开始读起，掌握了背景知识之后再重新阅读那本书。**

10. 关于"不熟悉的领域"的对策

平时经常读漫画或小说的人突然开始读实用书时，可能会因为书中没有故事情节和人物而无法顺利地读下去。在这种情况下，可以试着从实用书的漫画版开始阅读。

配合着故事情节的发展和人物的成长，读者应该能更加容易理解书中所提到的技巧。

· 要点 ·

事先了解可能会受挫的地方及其应对措施，可以在遇到困难时尽早恢复状态，避免"藏书不读"。

专栏　训练工作记忆

要想使读过的书发挥作用，必须对大脑的机能进行训练。这个大脑的机能就是**与记忆力、理解力、说明能力都息息相关的工作记忆。**

工作记忆能够短时间保存进入大脑内的信息，并将其与自己记忆中的其他信息相结合，进行思考、计算和判断等脑力生产作业。

在进行阅读时，大脑"接收语言并运用"的这一功能可分为输入信息和输出信息两部分。

在输入信息时，与大脑内的海马体有关；在输出信息时，与前额叶皮层有关。**工作记忆则是这两者之间的桥梁。**

假设我们在读书中遇到了自己感兴趣的信息。如果工作记忆的机能不佳，那么在阅读长文时，大脑就会忘记前半部分读过的内容，导致我们无法理解整篇文章。

而且，不仅限于输入，工作记忆在大脑进行输出时也在忙碌地工作着。在输出时，工作记忆需要调动出在读书中获取的知识和与之有关的记忆。

比如，你正在和朋友谈论与电影有关的话题。

"我前几天读了一本书，书里介绍了××可能会喜欢的电影。是什么电影来着……我现在突然想不起名字了，不过，这是一部充分了解'糟糕的人'的思维方式的电影。"

一旦工作记忆不能很好地运转，就会难以说出电影的名字或专业术语，只能用"这个""那个"来代替，进行模糊地输出。

这样一来，即使说了也不能传达给对方，还会给对方留下不好的印象。

相反，工作记忆很好的人，可以顺利地从大脑中提取必要的词汇，并将其与自己最近读过的书的内容相结合，进行输出。

"我最近读的《××》这本书里介绍了《××》这一部电影。主人公是一个精神病患者，作者对他的性格进行了细致的描写。××之前说过对心理学感兴趣，所以我觉得你应该会喜欢。"

能够流畅地说出题目、专业术语和具体例子，可以增加内容的可信度，并给对方留下积极的印象。

工作记忆使信息的输入和输出更加顺利

事实上，日本天普大学的研究表明，对工作记忆进行为期4周训练的小组，比什么都没做的小组，其小组成员的**大脑运行机能（专注力）**上升了60%，阅读理解文章的能力也上升了20%。

那么，该如何提高工作记忆的机能呢？

与工作记忆有关的正式研究开始于十几年前。以前，人们认为训练大脑的工作记忆并非易事。但这些年，研究者们发表了许多有科学依据的训练方法。

我在这里介绍一种最简便的方法。

这种方法就是"Dual N-Back 测试"（DNB）[①]。

这种测试短期记忆的简单游戏被运用到了许多实验中，据研究表明能提升工作记忆。

DNB有许多版本。比如，我和我弟弟所开发的"DNB 15分钟提高IQ的大脑训练"等，许多可以免费使用的App被相继推出。大家可以以"Dual N-Back Test App""Dual N-Back Test Game"为关键词进行检索，从检索出的项目中挑选评价比较高的进行试用。

顺便说一下，前面提到的日本天普大学的研究中所使用的训练方法也是DNB的一种，叫作"复合工作记忆课题"。

---

① Dual N-Back：是一种可以短时间内提高大脑工作记忆容量的训练方法。

大多数的DNB在启动后，**画面中都会出现九宫格。其基本规则是记住出现的符号、字母、数字及其位置。**

但是，比起我用语言来进行说明，大家真正地在自己的手机或电脑上尝试一下的话，应该就可以立刻理解规则了。

除此之外，德国汉堡医科大学在2014年所进行的实验中也得出了同样的结果。该实验以平均年龄在8岁的孩子为对象，分为训练工作记忆的小组和不训练工作记忆的小组。在进行了14次的训练后，观察他们3个月后的变化。

结果发现，经过训练的那组孩子们比起没有经过训练的另一组孩子们，理解**长文章**的能力提升了16%，**数学能力也提升了17%。**

值得注意的是，经过训练的孩子不仅理解文章的能力提高了，而且数学能力也有所提升。也就是说，除理解能力之外，孩子们的逻辑能力也得到了提升。

有逻辑能力的人即使阅读难懂的文章，也能很好地领会作者的观点。而且，当他们在和别人谈论自己所理解的内容、概括文章大意时，也能有逻辑地进行说明。

总之，训练工作记忆可以同时提高输入和输出两方面的能力，可以显著提高阅读效率。

第 3 章

提高理解力
和记忆力的
5种阅读方法

折起书的一角、用马克笔在重要的地方画线、抄写自己觉得印象深刻的内容、做笔记、贴标签……你是否也会用属于自己的方法来读书呢？而且，作为经验之谈，你应该也能够对这些方法作出取舍，比如"这个方法是有效的""这个方法没什么意义"。

实际上，全世界的研究者都在进行同样的实验，调查有效的读书术。2013年，土耳其的名校哈西德佩大学所进行的研究显示，有5种可以有效提高理解能力和记忆力的方法。

在这个研究中，从过去各种与读书术有关的研究论文中严格挑选了15篇可信度较高的论文。研究者一边对这些论文进行比较、讨论、验证，一边从中提炼出能够提高理解能力的方法。最终，研究者一共总结出了5种可以提高理解能力的读书方法。**我最近也在实践这些阅读方法，并看到了一些效果。**

无论哪种阅读方法都有一个共通点，那就是**不要仅仅成为**

书的读者。

仅用眼睛看书中的文字，按照字面意思理解书中内容，翻到下一页，然后就读完了……如果用这种被动的状态来读书的话，是无法很好地理解书中的内容。**发挥好奇心、想象力和提问的能力，自己主动去理解书中的内容，这才是能够提高理解能力的阅读方法。**

那么，具体应该如何去做呢？将这种做法科学地概括起来，就是我接下来要介绍的5种方法。

为了使大家能够更直观地理解，**我将其分为了阅读前、阅读时和阅读后三个阶段，**但无论在哪个阶段运用这种方法都是有效的。

5 种有效的阅读方法

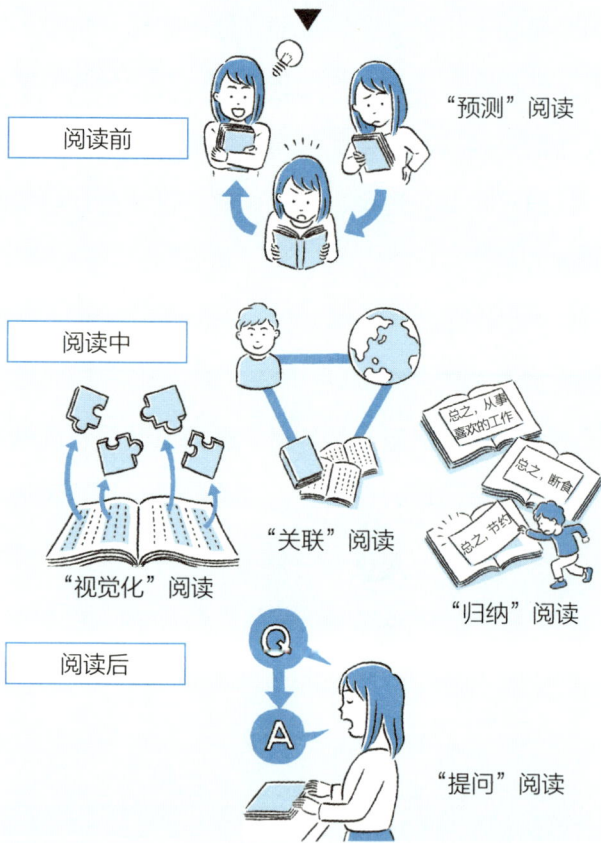

▼

阅读前

"预测"阅读

阅读中

"视觉化"阅读

"关联"阅读

总之，从事
喜欢的工作

总之，断食

总之，节约

"归纳"阅读

阅读后

Q

A

"提问"阅读

方法
1

阅读前运用"预测"阅读

越出乎意料，
越记得清楚。

第1种方法是预测阅读（Predicting）。

按照阅读顺序，在阅读时先阅读书籍题目、作者简介、目录、腰封等。

可能大家已经注意到了，这和我在第1章中介绍的"选读"的顺序相同。

在选读时，从书籍题目和宣传语中抓住这本书的主题，然后从目录开始选读这本书的内容。

你在进行"预测阅读"时，重要的是要运用自己过去的经验和已经掌握的知识，**预测面前的这本书中会写些什么内容**。

比如，现在正在写原稿的我手边有一本《哈佛医生超强学习法》(ハーバード×ＭＢＡ×医師 目標を次々に達成する人の最強の勉強法)。这是一本值得推荐的好书。

从书的标题我们可以得知以下信息：这本书的作者是一名医生，他曾在美国哈佛大学留学，在从事研究活动的同时，考取了MBA。在这本书中，作者向我们介绍了他在这个过程中所践行的学习方法。

根据这些信息，我们就可以进行"预测阅读"。

我根据自己的经验，预测这本书中将会涉及如下内容：

● **在忙于研究时考取MBA，时间不足**

- 自己也苦恼于时间管理
- 作者知道在少量时间内学习新知识的方法
- 有所成就的作者应该有他独特的时间管理技巧
- 我想阅读并学习这些技巧

接下来，我阅读了这本书的目录。

这本书一共有6章，分别是"成功者的目标设定法""成功者的时间管理法和集中力增强法""成功者的学习法""我从哈佛MBA中学到的学习方法""从零开始的英语学习法""成功者的不断成长法"。

在这里我想要进行预测的是哪一章的内容会对我有所帮助，哪一章有我最想知道的信息。

在看完目录之后，我认为第2章"成功者的时间管理法和集中力增强法"中一定有我想了解的内容。

像上面这样，结合自己的经验和知识进行预测，可以增加自己对书籍内容的关心度和期待感。此外，在进行"预测阅读"时，一定要把你预测的内容分条列出。这样一来，在实际进行阅读时，可以将自己预测的内容与书中内容进行对比，当遇到预测内容与书中内容不符的情况时，我们反而能够更加深刻地记住书中的内容。比如，在读这本书之前我觉得作者是天才，所以作者应该会写一些感观上的内容，但结果却出乎我的意料，作者是追求理性的人。

如果你觉得分条列出自己的预测很麻烦，你也可以在翻看目录遇到自己感兴趣的内容时，用智能手机的录音功能录下自己的预测，"这里应该写了××内容"。

将预测转换为语言记录下来，读完后与原文进行对比

总之，在进行"预测阅读"时，重要的是**要将自己的预测记录下来，然后在真正读完全书之后，与书中的内容进行对比。**在经历了这个过程之后，你对书中内容的理解程度就会有所提高。

明确自己获取知识的目的才能够顺利阅读

比如，你想学英语，将来去国外的大学留学，那么预测的对象也会因此发生变化。

期待值最高的一章就变成了"从零开始的英语学习法"，分条列出的预测内容也变成了如下内容：

- 去哈佛大学留学的人、在当地一边做研究一边考取MBA的人，是怎样学英语的呢？
- 会像题目中说的那样，"从零开始"为我们介绍学习英语的方法吗？
- 高效学英语的方法是什么？

- 去国外留学需要什么样的英语水平？
- 如何用"从零开始的英语学习法"开始学习？

　　进行这样的预测，除了可以增加对书中内容的理解，还有一个很明显的效果——降低了阅读难度。平时越是苦恼于没办法读完一本书的人，越能强烈地感受到这个效果。

　　通过进行书中内容的预测，筛选出自己感兴趣的章节，可以明确读书的目的。

　　如果想知道时间管理的技巧，就阅读"成功者的时间管理法和集中力增强法"。

　　如果想知道高效学习英语的方法，就阅读"从零开始的英语学习法"。

　　通过预测和筛选，决定首先需要阅读的章节。

　　针对苦恼于无法读完整本书的人所进行的调查数据显示，90%的人在阅读书中第1章时就会受挫。

　　读完前言和书中某一章之后就读不下去了。

　　结果，就会觉得是"自己不能集中精力""没有阅读理解的能力""感到厌烦了"等原因，于是就开始抱有自己不擅长读书这种想法。

其实这是因为你想认真地按顺序从第一页读到最后一页。如果你先翻到自己感兴趣的、有必要读的那一页，然后，一边将自己的预测与书中内容进行对比，一边阅读的话，就可以避免受挫。

这是因为，那里写的内容与你拿起这本书的动机直接相关。

提升读书效果的要点

▼

从最开始读起

◎从感兴趣的章节和标题开始阅读

比较预测和结果可加深理解

在前文中，我针对这本书的时间管理技巧，作出了如下预测：

- 在忙于研究时考取MBA，时间不足
- 自己也苦恼于时间管理
- 作者知道在少量时间内学习新知识的方法
- 有所成就的作者应该有他独特的时间管理技巧
- 我想阅读并学习这些技巧

阅读对应的章节，评价自己预测的准确程度。

然后，将感到意外的部分整理到笔记中。关于整理笔记的方法，我会在第4个方法——"归纳"阅读中进行详细的说明。

顺便说一下，我在阅读《哈佛医生超强学习法》（ハーバード×MBA×医師　目標を次々に達成する人の最強の勉強法）一书时，让我觉得新鲜的是，作者把由于精神分散而导致注意力中断的时间，定义为"分离时间"。

比如，被朋友叫到吸烟场所、看SNS（专指社交网络服务）等，虽然是很短的时间，但一旦打破了读书的状态，要想再重新高度集中注意力，需要花费很大的工夫。对于时间管理来说，将可能会分散我们精力的因素排除在外是十分重要的。

将自己预测的内容和书中内容进行对比，在感到有趣时，可以增加我们对于内容的理解程度。而且，**人都具备"一致性原则"**，所以在通读了书中的一部分内容并觉得有趣，但若不能阅读到这部分内容的前后文时，**心情就会变得很糟**。

如果你想在阅读中保持这种一致性的感觉，**就阅读前言、结语和自己感兴趣的一章吧**。如果这些内容和你想获取的内容一致，就会一下子降低你通读整本书的难度。

要点

在翻开书之前进行预测吧。（书中内容）越超出自己的预测，其印象越深刻。

方法
2

阅读中运用"视觉化"阅读

为了能立刻运用头脑
中的知识，赋予知识
形状吧。

你在学生时代有过这样的经历吗？

在看了课本之后还是无法理解某个计算公式，于是就去问班里数学最好的同学，看了他给你的画有图示的解题方法之后，你立刻就明白了。在那之后，你自己也能解题了。

对于历史课上老师已经认真讲解过，但自己却怎么也记不住的人物和事件，在看大河剧（长篇历史电视连续剧）或历史漫画时，却能一下子就记住，"原来是因为有这个背景，才发生了这个事件啊"。

上述的事例都是因为**对于不充分的情节或主人公进行了直观化的补充，从而增进了理解。**

我在参加电视节目时，可以在不看台本的情况下，基于我之前看过的书和最新的论文，说出许多夹杂专业术语和典故的内容。很多人在看到之后都会问我："你是怎么记住的呢？"

秘诀就是我现在正在进行讲解的**视觉化阅读**（Visualizing）。这种阅读方法就是在大脑中想象读过的内容，使之具象化。

平时阅读小说、诗歌和随笔的人会自然而然地使用这种方法。你应该也有过这样的经历吧？在阅读时，头脑中会想象小说中出场人物的表情和声音，诗人的所见所感，随笔作家在旅行中所品尝的美食等。

于是，当家人和朋友问你"那本书怎么样？""有意思吗？"

时，你可以很好地将小说和随笔的内容，以及诗歌给你留下的印象表达出来。

假设你在读完电影《指环王》的原著——英国作家约翰·罗纳德·瑞尔·托尔金所写的长篇小说《魔戒》后，被问到"有意思吗"时，即使你忘记了主人公的名字，你也可以说出那些你觉得"有意思"的部分。比如，他们冒险时的样子、掌握故事关键的情节、感受到出场人物成长的场面，以及和黑暗势力作斗争的场景等。

对于电影和电视剧也是一样的。认真观赏之后，就应该能说出其故事梗概。

但是，对于实用书和商业书，读过之后不久就完全忘记了书中内容的情况并不少见。

之所以会产生这样的差距，是因为人们在阅读实用书和商业书时没有形成视觉印象。

视觉化的关键在于故事情节。

优秀的小说、电影和电视剧都有很好的故事情节，我们可以一边想象情节的发展以及出场人物接下来的行动，一边享受其中。所以，我们能够很好地记住小说、电影和电视剧的内容。

但是，大多数实用书和商业书中都没有故事情节，也没有确定的主人公登场。而且，实用书和商业书的读者大多都是因为有某种紧急需求才会阅读这类书籍，所以他们在阅读的过程中也并非是以一种愉悦的心情来阅读的。

总之，由于实用书和商业书中没有让人激动的故事情节，所以读者自然没办法使之视觉化。因此，在读完之后，也很难记住书中的内容。

比起文章本身，人们更容易记住故事情节

　　或许出版社也发现了这个问题，各个出版社开始积极地出版可以通过漫画读懂的系列图书，如通过漫画读懂的德鲁克、阿德勒、PDCA（Plan计划、Do行动、Check检查、Action改善，即四步骤循环工作法）……

　　内容的丰富程度会根据标题不同而有所差别，但至少出版社准备了可以触发读者想象力的故事情节和主人公。

　　如果在工作中有阅读的必要，但你又是第一次接触这种类型的书，不妨试试可以通过漫画读懂的系列图书。

视觉化的秘诀在于阅读的"逻辑结构"

　　虽然前面的开场白有些长，但如果能有意识地按顺序阅读没有故事情节和主人公的实用书、教育书、商业书，也能使其视觉化，并记住其中的内容。

　　这种方法就是通过绘画使逻辑结构具象化。

　　如果是抽象的概念，大家能够很好地理解吗？如下页图所示。

前提

▼

是否存在有科学依据的提高记忆力的方法？

解说

▼

加利福尼亚大学的研究团队发表了可通过刺激好奇心提升记忆力的实验结果。在学习想记住的内容之前，看一些自己感兴趣的领域的东西。这样一来，可以刺激大脑的奖赏系统，位于相邻部位、掌管记忆力的海马体也会因此变得活跃。于是，记忆力就会得到提升。在该实验中，被刺激好奇心小组的成绩是事先没有刺激好奇心小组的 2 倍。

结论

▼

在阅读想要记住内容的某本书之前，先满足你的好奇心，去看、去听一些可以刺激大脑奖赏系统的内容，比如小说、漫画、音乐、游戏等。在接触了自己喜欢的东西 5 分钟左右后，再阅读你想记住内容的那本书，你的记忆力就会有所提升。

　　我在思考是否存在有科学依据的提高记忆力的方法的同时，阅读了许多与记忆力有关的论文。在这个过程中，我在加利福尼亚大学的研究团队所发表的一篇论文中发现了我十分感兴趣的内容。我将这个信息如上图所描述的那样进行了归纳、整理。

　　在这里，我把这种将"前提、解说、结论"归纳到一起的**信息叫作逻辑结构**。它给人的印象就像是漫画中的对话框，我们在阅读论文或书籍的同时，会在头脑中描绘出"前提""解说"和"结论"的形象。

　　将我们阅读这本书的目的作为"**前提**"，将读过的内容中所包含的有用信息作为"**解说**"提取出来，然后一边想象自己和别人说话的场景，一边归纳出"**结论**"。

　　之后，**我将这些内容整理成下页的思维导图（整理信息、思考的工具），在空闲时间反复阅读，记住其中的内容。**

　　通过不断重复这一过程，当我在演讲的问答环节中，即使遇到突然被提问的情况，也能轻松地从记忆中提取信息，

"××大学的研究团队曾进行过××实验，并得出了××的结果。"

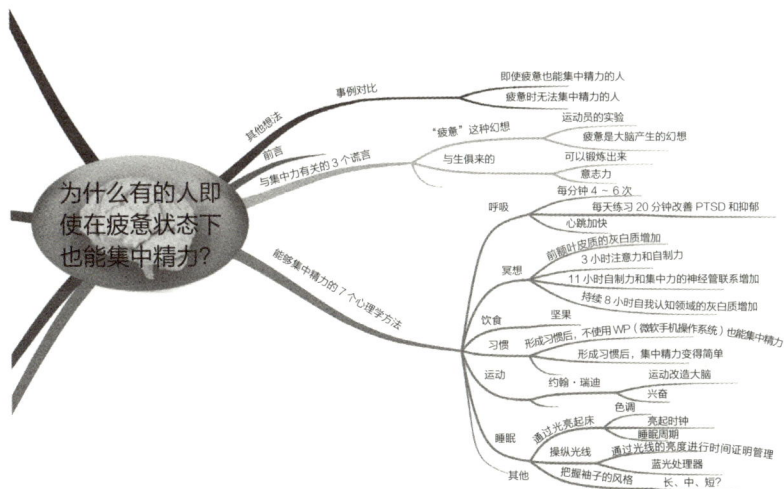

我并没有非凡的记忆力，我之所以能滔滔不绝，都是靠思维导图的帮助和我自己脚踏实地的努力。换言之，如果能熟练地运用视觉化的力量，谁都可以很好地输入和输出应该记

住的内容。

激活思维导图

那么，在阅读实用书、教育书和商业书时尝试一下视觉化阅读吧。关键是选出你认为有用的部分，将其分类整理，使其逻辑结构视觉化。

- 自己在阅读前有疑问"A"，并写下了答案"B"。
- 作者列举了有科学依据的实验"C"和数据"D"。
- 那么当你和别人谈起时，就可以说"A的回答是B，这是因为有实验C和数据D可以证明"。

像这样使其逻辑结构具象化，可以增强记忆效果。

但是，如果要把一本书中想记住的部分全都按照顺序使其视觉化的话，工作量会很大，而且也很难全部记住。所以，就需要我们在整理逻辑结构的时候**从中选出关键词**。

前文中提到的与记忆力有关的论文如下图所示。

在阅读想记住的内容前，用 5 分钟左右的时间去接触自己喜欢的东西。

加利福尼亚大学的实验，刺激大脑的奖赏系统能够提升海马体的活跃度。

记忆力得到提升

我就是这样，将书中内容的逻辑结构浓缩为关键词，并在一张A4纸上整理出它的思维导图。这样一来，只需要看一下这张纸，就可以顺藤摸瓜地回忆起书中的内容，对复习很有帮助。

视觉化阅读的效果在于，**哪怕读完某本书不久后记忆变得模糊，但只需看一眼关键词就能使记忆复苏。**

这是因为这幅逻辑结构设计图已经以一种图画的形式存在于你的大脑中了。从一块拼图就可以联想出整幅画的模样。

要点

如果能够使文章视觉化，就可以立刻记起文章内容。

方法
3

阅读中运用"关联"阅读

将自己与"书的世界"
连接起来

第3种方法"关联阅读"（Connecting）是将正在阅读的书与自己已有的知识和经历联系起来，从而提高理解程度的方法。

文本到文本（Text‒to‒Text）

"这本书的内容好像和我之前读过的其他书有类似的地方""这本书让我想起了学生时代学过的课本。为什么会这样呢……"像这样，将你正在阅读的书与过去自己读过的课本内容联系起来。

文本到自己（Text‒to‒Self）

"这本书的内容好像和我之前的经历有些相似""这本书的内容和我之前的经历有什么不同?"像这样，将你过去的经历和这本书的内容联系起来。

文本到世界（Text‒to‒World）

"这本书里写的内容，我在新闻里是否见过?""和书中内容类似的事情在现实中是否发生过?"重复这些问题，将书中的内容与世界上发生的事情联系起来。

在读书时，将自己的知识、经历、世界上发生的事情与书中的内容联系到一起，这就是关联阅读。通过将书中内容与其他资源叠加在一起，可以提高对书中内容的理解程度。

但是，如果在阅读每一页时都进行关联阅读的话，工作负荷会很大，阅读速度也会明显下降。所以，只需要在"想记住这部分内容""想加深理解"的情况下使用关联阅读。

接下来，我会分别进行详细的说明。

对续篇和连载作品进行关联阅读

"文本到文本"是指，将你过去读过的书和现在正在阅读的书联系到一起。这之所以能帮助你更好地记忆书中的内容，是因为与大脑的性质有关。

大脑在接收新信息时，会认为无法和其他记忆相结合的东西是不重要的，于是很快就会忘记。

相反，"这本书的内容印证了我之前读过的杂志所报道的数据"。如果能将正在阅读的内容与其他知识相结合，大脑就会判断"这个信息很重要"，因此也更容易记住。

比如在张贴海报时，如果只在海报的一个角按上大头钉的话，海报就会贴得不稳，很容易从墙上掉下来。

但是，如果在海报的两个角、三个角、四个角都按上大头钉，就能使海报稳稳地贴在墙上。新信息也是同样的道理，可以通过与多个记忆相结合，从而被大脑更好地记住。

比如，我大概在3年前阅读了《先发影响力》（影響力の武器）这本书。

《先发影响力》是社会心理学的古典作品《影响力》的续篇。在这本书中，作者详细地介绍了以"如何践行作为理论支撑的《影响力》"为主题的事例研究法。

记忆知识就像在天花板上固定东西，能够使之固定的
点越多越好

《影响力》是我非常喜欢的一本书。因此，我读了几十遍，甚至把书都翻得皱皱巴巴了，而且我还听过它的有声书。我从这本书中学到了许多知识，比如让对方说"Yes"的诱导法。

作为它的续篇，《先发影响力》以前者的理论为基础，描写了达到事半功倍的具体方法论。

在大脑中已经有理论基础的情况下，阅读具体的操作方法后，我重新注意到的一点是，**将已经存在的A与B相结合，可以产生全新的价值**。

我讲的内容可能跨度太大，不过，将线下书店和线上网络结合起来从而获得巨大成功的，就是美国亚马逊网络电子商务公司。

将空房间和空房子与网络成功结合而诞生的是爱彼迎平台（Airbnb）。

关于读书也是这样。通过阅读之前感兴趣的书的续篇、番外篇或同一作者的新作品，可以自然而然地做到"文本到文本"，并且可以获得新的发现。

在阅读《先发影响力》，并做到"文本到文本"之后，我

127

发现提出"基本法则+用途"是非常重要的。我注意到，该书作者在其之后的所有著作中都活用了这一点。

在阅读时关联自身的记忆和经历

"文本到自己"之所以能发挥作用，是因为大脑将接收到的新信息转变成了故事记忆。

当作者在书中所袒露的曾经的失败、苦恼，与你过去的经历相似时，你就会觉得书中的内容很真实。于是，像"自己也曾因为没有考虑到的事情被上司训斥而陷入悲伤情绪""自己也曾苦于不知如何从失恋情绪中走出来"这样，你当时经历那些事情时的感情和想法也会因此而复苏。

而且，像"我明白，我明白。我自己也是在这样做之后恢复了情绪""啊，还有这种做法呀""我自己也试过这个方法，不过不怎么管用"这样，将书中内容与自己的经历相结合然后进行输入的话，书中的内容就会成为有感情的故事，因此更容易留存在我们的记忆中。

我在这本书中反复提到过，与强烈的情感相结合的信息和事情更容易留在我们的记忆中。

那么，为什么会出现这种现象呢？这是因为位于掌管记忆的海马体附近的扁桃核受到了刺激。扁桃核与情感的控制息息相关，对于情绪的变动会有很强烈的反应。而且，**海马体会将伴随着扁桃核刺激的故事作为重要的信息来接收，并会为了使其成为长期记忆而运作。**

我在实践中看到"文本到自己"的效果是在我阅读《好战略，坏战略》（良い戦略、悪い戦略）这本书时。这本书的作者是理查德·鲁梅尔特，他被公认为是战略论和经营理论界的权威。那时，我正好停止作为一名读心师参加电视节目，开始涉足商业世界。那时的我，正在不断摸索，希望能够创造出适合自己组织的方法。

在那段时期，我的思想经常动摇，虽然觉得即使创办像公司一样的组织机构，也不能顺利进行下去，但又觉得模仿这世上大多数企业的组织机构也是个不错的选择。

鲁梅尔特在书中所展示的画面十分简单，那就是好战略都有"诊断""基本方针""行动"这种基本构造。从《汉尼拔》中的坎尼会战到阿波罗计划、IBM（国际商业机器公司）的企业战略，他在书中为我们介绍了古今中外与好战略和坏战略有关的故事。

读了这本书之后，让我感到畅快的是，**书中详细分析坏战略的部分让我再次认识到摇摆不定是一件多么愚蠢的事情。**

而且，当结合自己的经验阅读这本书时，我意识到，**与组织机构的大小无关，一个能够顺利实施的战略一定是简单且不动摇的。**

比如，即使是Niconico（NICONICO动画的简称）的直播，最初我也曾尝试委托他人来进行影像制作，准备昂贵器材等，在这些不重要的环节上花费了许多工夫。但是，当我将这本书中提到的"好战略都有'诊断''基本方针''行动'这种基本构造"进行"文本到自己"后，我开始清楚自己应该做什么。

- 诊断 / 外部员工和高价的器材都没有必要
- 基本方针 / 以发布有价值的信息、创造出会员能够有效使用
  的频道为目标
- 行动 / 以简单的器材和比任何其他地方都高的频率来发布
  视频

我将这些内容与自己的经验相结合，并使其进一步发展，
于是就形成了"文本到自己"使用方法中的一种。

好书能让你看到意想不到的世界

最后，"文本到世界"可以在你无法将书中内容和自己的
知识、经历很好地联系在一起时，起到作用。

假设，你正在阅读的书里提到了从中东和非洲偷渡到欧洲
的非法移民问题。而你生活在日本，又对这方面的问题没什么
兴趣的话，则很难对这个问题产生共鸣。

在这种时候，你可以通过在网络上搜索与移民问题有关的新闻、在视频网站上观看纪录片等方式，扩展自己与此相关的知识面。通过参照手中的图书和世界上发生的事情，将文章和新闻、视频等结合起来，可以让我们更好地理解书中的内容。

我在实践"文本到世界"这个方法时，遇到了我认为很好的一本书——《离经叛道：不按常理出牌的人如何改变世界》（ORIGINALS　誰もが「人と違うこと」ができる時代）。

特别是对于创业者以及进行独立思考的人来说，这都是必读的一本书。成功的创业者所写的书大多都不能对我们起到帮助，因为他们只让我们看到他们成功时的样子。

当人们获得成功时，通常都会说"我从一开始就知道（会成功的）"。周围的人也开始说"他在刚开始创业时，就想像数豆腐（日文中一块豆腐的发音"1丁"与"1兆"，即一万亿相同）一样，来计算销售额"，从而将成功者的故事传奇化。

但是，如果说从现在开始创业的人只需模仿之前的成功创业者就能成功的话，是没有任何依据的。关于这一点，**这本书是十分珍贵的一本书，因为这本书的作者是在30多岁时成为**

美国宾夕法尼亚大学沃顿商学院的终身教授天才心理学家。他对"为了使工作顺利进行需要做些什么"进行了调查。

在读这本书的过程中让我感到十分畅快的是，类似"大家都说'很好啊'的想法，策划却无法顺利进行""创业就要承担风险！是一个巨大的谎言，因为从副业开始做起的破产率很低，只有33%"等内容，逐一击破了现有的成功故事。而且，书中还提到了工作时的创造力是指什么。

现在想要创业的人无疑是正在走向一个自己未知的世界，所以如果一边阅读这本书，一边进行"文本到世界"的话，肯定能从中得到许多启发。

我本人在接触未知领域时，通过实践"文本到世界"改变了我的生活的是我在前言中也曾提到过的《运动改造大脑》这本书。这本书将脑科学和心理学等与运动相结合，使在27岁以前完全没有运动过的我觉得过去的27年，我都白白地浪费了人生。

于是，我立刻开始去健身房，生活也因此发生了极大的变化，我的想法也变得积极起来。通过书与未知的世界产生联系，让我的人生发生了很大的转变。

好书能让你看到意想不到的世界。

请通过上面这三种关联阅读，将作者提供的信息与你的知识、经历以及世界动向进行比照，并使之结合在一起吧。就像蜘蛛网一样，网织得越密就越结实，**相互之间有关联的信息能够更好地被大脑记忆。**

顺便说一下，在进行这种关联阅读时，能够为其提供帮助的是，我在第1章中所说的"但是、总之阅读法"。像这样，在理解了文章的结构之后，就能更容易抓住书中的要点。

在此基础上，尝试一下关联阅读的三个方法吧！

• 要点 •

将自己的知识、经验和世界上发生的事情与书中内容联系起来，可以让书变得更加有血有肉。

方法
4

阅读中运用"归纳"阅读

大胆地用自己的语
言进行归纳

第4种"归纳阅读"（Summarizing）的使用方法分为两个阶段。

第一阶段是针对在对整本书进行归纳总结时，持有以下烦恼的人所推荐的方法。

- 无论怎样也读不完一本书
- 读书时花费的时间过多，感到很为难
- 在没有时间的情况下还必须浏览许多资料和书籍
- 想很好地把握新接触领域的整体情况，却不知道好的方法

在读书时不要不慌不忙地认真阅读每一章，而是试着挑选某一章来进行阅读吧！之后，对**每一章进行归纳总结"总之，这章写了××"**。

在这个过程中，重点不是抄写目录中的标题，而是**用自己的语言说出"总之，是这样吧"**。比如，对于我的著作《花掉的钱都会自己流回来》(「好き」を「お金」に变える心理学)，可以用这样的方法进行归纳。

第1章总的来说写了：通过改变金钱的使用方法而使自己

变得幸福的方法。新鲜。

第2章总的来说写了：要想长久地工作赚钱，就应该从事自己喜欢的事情。这是因为，只有对于喜欢的事才能坚持下去，并有所成就。此外，还写了如何发现自己喜欢的事情！

第3章总的来说写了：能够赚钱的人都很重视与周围人的关系；如何创造与他人之间的联系。金钱＞人吗？

第4章总的来说写了：比起一直存钱，正确的花钱方式更能为自己带来机遇。形成良性循环是十分重要的。

或者，现在翻开我手边的一本健康类书籍，试着总结一下这本书中第3章的内容。

第3章主要写了：建议断食。其中包括具体的实施方法，以及对于免疫力提高的原因的研究。因为这些都是我已知的内容，所以跳过不读也没关系。

归纳阅读能让你明确阅读兴趣

像上述那样粗略地阅读各个章节，然后用自己的语言进行归纳概括。**要点是，附带写上一行自己简短的感想或印象。在写的时候，请投入自己的感情。**对于细小的事例或者故事可以跳过不读，虽然你可能会有这样的不安感：要是跳过的部分写了精彩的内容怎么办？但请拿出勇气舍弃这些部分，对这章进行归纳概括吧！

这样一来，**就可以判断出自己对哪些内容感兴趣，或那一章中是否有值得阅读的内容。**之后，重新看自己对于各章节所写的归纳文字，然后只需熟读那些你觉得"这个地方好像很有趣""这里很重要"的部分就可以了。

像这样，先要弄清楚面前的这本书中哪部分是需要重点进行阅读，在避免花费过多时间、提升阅读速度方面，与"选读"和"预测阅读"有异曲同工之妙。

但是，**"归纳阅读"的真正作用却并非如此，而是，给书中的内容排列阅读的先后顺序。**

在第一阶段中，我们写好了用自己的语言总结归纳整本书的笔记。接下来，看着你做好的笔记，选择能够对现在的你有帮助的部分和吸引你的部分，然后将需要阅读的章节排出先后顺序来。

比如，"在读完第1章之后，接下来的第4章和第2章的事例跳过不读也没关系。如果还有时间的话，就再读一下第3章"。

像这样根据自己的需求来决定阅读的顺序，可以增强目的意识，而且更容易做到长时间集中注意力。此外，可以大幅度地跳过没用的内容。这种做法在需要短时间内阅读大量资料和书籍的情况下，效果更佳。

读书时最好从自己感兴趣的地方读起

用自己的语言归纳书中的信息

接下来，介绍第二阶段的"归纳阅读"。这种方法是**对于已经排好优先顺序的内容做进一步筛选、记忆。**

比如，我们之前在笔记上归纳了这样的一章内容："第3章总的来说写了：能够赚钱的人都很重视与周围人的关系；如何创造与他人之间的联系。金钱＞人吗？"

在你归纳这一章内容时，包括作者想要明确传达的信息以及可以证明这些信息的数据、故事和具体事例等。

你用自己的语言总结归纳出这一章中想要记住的内容。

假设你对以下这三个主题的文章感兴趣。

主题一：将喜欢的事情转变为金钱的第一步是，让大家知道自己喜欢什么、对于喜欢的事情的擅长程度、具体可以做些什么。

主题二：如果对方不能理解自己，那么自己就无法做好想做的事情。因此，当被问道"你是什么样的人"时，需要你用简短的句子来回答对方。

　　主题三：所谓人脉并不是指认识谁，而是被谁认识。要让别人了解到"那个人擅长什么，可以和我谈论什么"这种程度，才称得上是人脉。

　　将这些文章用自己的语言归纳到读书笔记中。

　　要想通过自己喜欢的事情来赚钱，首先要让大家知道你喜欢的事情、擅长的事情，以及你具体可以做些什么。比如"我是一名精通税务的自由职业者""我是曾游遍日本历史文化名城的人""我是利用周末去国外旅行的专家"等，提前准备好如何用一句话总结出自己的强项，然后，让许多人知道自己的强项，就会逐渐将其发展成为人脉。

　　虽然这样做可能会绕远路，但我想从今天开始坚持在SNS（社交网络服务）上展示自己擅长的领域。

　　如果只是将书中作者的文字原封不动地写在自己的笔记上，大脑能够记住的也只有抄写笔记时的成就感，对于内容的记忆效果并不好。就像在"关联阅读"中所介绍的那样，只有将书中的内容与自己现有的知识、经历相结合，然后用自己的语言来进行概括。在这个过程中，建议大家添加自己的感想、倾注自己的感情。

这样一来，书中的内容就可以成为自己的东西，不仅更容易记住，而且更容易实践。

如果只是阅读并理解书中的内容，对我们几乎是没有什么帮助的。只有当我们用自己的语言将其转换为自己的东西之后，这本书才能真正开始影响我们的人生。

归纳阅读不仅能够提升阅读速度，实现有效阅读，而且还能帮助我们深挖书中的核心思想，所以请大家一定要尝试。

要点

"总的来说是什么内容呢？""对于哪里觉得很感动？"

用自己的语言来描述对于那本书的印象吧。

方法
5

阅读后运用"提问"阅读

第5种方法"提问阅读"（Questioning）是对书中内容进行提问的阅读方法。

请想象一下这样的场景：**你一边阅读，一边和作者进行对话。**你不仅仅是读者，你会对书中的内容进行提问。如果你**想提高对书中内容的理解程度，这样做是最有用的方法。**

这是因为，当你对书中的内容持有疑问，并对其自问自答的这个过程可以大幅提高你的理解力和记忆力。

通过问答来加深记忆

那么，接下来我说一下具体的做法。

首先，在开始阅读前，准备几个对于任何种类的书都适用的问题。然后在阅读的过程中，想着自己准备的问题，并寻找属于自己的答案吧！关于应该准备哪些问题，哈西德佩大学的研究团队为我们列举了包括17个问题的"提问清单"。

这些问题包括在阅读前就能想出答案的问题和只有读完才能回答出来的问题。在刚开始进行"提问阅读"时，你可以从中选出三四个问题进行活用。

1 这本书的主题是什么？提出了什么问题？解决问题的方法是什么？

2 这本书是如何开始又是如何结尾的？

3 你想从这本书中学到什么？

4 这本书和同类型的其他书相比，相似的部分是哪里？不同的部分又是哪里？

5 这本书的重要性体现在哪里？

6 这本书的书名与内容相符吗？如果让你改写这本书的书

名，你会改成什么？

7 这本书的要点和概念是什么？

8 检查这本书的开头部分，作者为了吸引读者，在书的开头部分写了些什么？

9 从书中出现的视觉元素，如图表、地图、标签、照片、图解中学到了什么？从这些元素中可以得到什么类型的信息？

10 作者希望读者如何看待自己？

11 在给他人建议时，哪一章的哪些信息是最值得采纳的？

12 作者为了使这本书更有趣，都付出了哪些努力？

13 你赞成作者的哪些主张？理由是什么？

14 为了说明主题，作者列举了哪些事例？你印象深刻的例子是什么？

15 在阅读这本书时有什么感觉？

16 这本书中最重要的一篇文章是哪一篇？理由是什么？

17 回看书中的内容，你认为最触动你的地方是哪里？

接下来，把在阅读时脑海中浮现的疑问转换成这些问题，和想象中的作者进行正面对话。当然，作者并不是真实地在你面前，但你脑海中有疑问问题的答案基本上都可以在书中找到。也就是说，通过和作者对话的形式进行阅读，能够加深自己对书中内容的理解。

无论是在泡澡还是走路，任何时候
都可以进行"提问阅读"

最后，当你读完后，试着回答一下你在读书前准备的问题和读书时想到的问题吧！

重要的是，在阅读时要想着那些问题，并寻找属于自己的答案。我们的大脑具有这样的特点：当我们对某件事情持有疑问时，会无意识地寻找它的答案。利用大脑的这一特性，针对书中的内容，反复地进行自问自答，能够加深对于书中内容的理解程度，使我们记得更牢固。

一边提问一边回答的过程十分重要

虽然"提问阅读"的效果很好，但在真正习惯这一阅读方法之前，都很难用好这一方法。因此，针对哈西德佩大学的研究团队所提出的"提问清单"的使用方法，我从中选取了4个用在了我的著作《超时间技术创造40小时的每周自由》（週40時間の自由をつくる 超時間術）中，并对其进行了补充说明。

假设第1个问题是：这本书的主题是什么？提出了什么问

题？解决问题的方法是什么？

- **作为主题而被提出的问题**

虽然我们总说自己没有时间，但事实果真如此吗？实际上这只是你自己认为时间不够。事实上时间多得很！

- **解决方案**

提出的解决方案包括：改善焦虑和不安的对策；不要把自己的档期排太满，使自己拥有充足的时间；防止"时间饥荒"的方法；等等。在心理上保持愉悦，消除焦虑，提高效率，便可以在与现在相同的时间内做更多的工作。

以上是回答之一。当然，不同的读者对于书中印象深刻的部分也会有所不同，答案也会因此发生变化。

虽然我一直在重复这句话，但在这里还是想再强调一遍：**重要的不是找出正确答案，而是在开始阅读前意识到自己想提出的问题，并在阅读的过程中寻找答案。**

接下来，关于第2个问题：这本书是如何开始又是如何结尾的？这个问题只有在读完之后才能回答出来。

通过回答这个问题**可以提高我们分解书中各部分构成的理解力。**

《超时间技术创造40小时的每周自由》（週40時間の自由をつくる 超時間術）这本书由"为什么会觉得时间不够""弄清原因，以便接下来能合理使用时间的理论以及心理训练的方法""恢复时间感觉的实践篇"这三部分构成。这三部分分别对应提出问题、解决方法和实践法。

许多实用书和商业书都是这种构造。在了解了正统的构造之后，当你阅读其他种类的书时，也能更容易理解书的构造。

第3个问题"你想从这本书中学到什么？"是我在第2章中所介绍的"心理地图"的简易版。

通过问自己"你想从这本书中学到什么？"，能够明确自己阅读这本书的目的。不要用很长的理由，而是用一句话概括出来。比如，"想要按时回家的话应该做什么，不应该做什么"。

经常在阅读的时候意识到自己想获得的知识，能够加深自身对书中内容的理解。

　　针对第4个问题"这本书和同类型的其他书相比，相似的部分是哪里？不同的部分又是哪里?"，在找出不同点的过程中回想书中的内容，这一点是十分重要的。

　　如果拿《超时间技术创造40小时的每周自由》这本书来说，"从介绍了与时间无关的缓解压力、调整心态的方法这方面，和心理学的书比较类似。和其他时间管理类的书相同的一点则是，都介绍了安排时间的方法和防止拖延的秘诀等实践性的内容"。

　　相似的地方是什么？不同的地方是什么？在读完之后回想书中的内容，并以回答问题的形式进行输出。这个操作十分重要，即使答案错了也没关系。

分解"提问清单"

　　对于接下来的4个问题，只要你能以"如果你向周围的人推荐这本书"这个视角来阅读，就可以轻松地回答出来。

11　在给他人建议时，哪一章的哪些信息是最值得采纳的？

15　在阅读这本书时有什么感觉？

16　这本书中最重要的一篇文章是哪一篇？理由是什么？

17　回看书中的内容，你认为最触动你的地方是哪里？

　　在向他人推荐书时，从书中选出对自己有帮助的一章，选出触动自己的一篇文章，用自己的语言总结出读这本书时的感觉……这些做法对于上文中提到的归纳阅读来说也是一种训练。

　　此外，对于接下来的4个问题，如果你抱有"想在读完之后写一篇书评"的想法来阅读的话，就可以很轻松地找到答案，并加深对书中内容的理解。

6　这本书的书名与内容相符吗？如果让你修改这本书的书名，你会改成什么？

7　这本书的要点和概念是什么？

8 检查这本书的开头部分，作者为了吸引读者，在书的开头部分写了些什么？

9 从书中出现的视觉元素如图表、地图、标签、照片、图解中学到了什么？从这些元素中可以得到什么类型的信息？

特别是与书名有关的问题，以译著为例，为什么会起这样一个题目？有问题的日文译名不在少数。书名与内容相符吗？什么样的书名更能吸引读者呢？

就像给对方起了外号之后会更容易记住对方的长相一样，从编辑的角度出发，在你思考该给这本书起一个什么名字的过程中，应该就能愉快地记住书中的内容。

一边提问，一边阅读，并不是一件容易的事。但是，如果把哈西德佩大学的研究团队所提出的"提问清单"当作核对清单来使用，并在使用的同时阅读一些书，**你就可以逐渐掌握这个阅读方法了。**

意识到问题，思考自己的回答然后进行阅读，是一种高负荷的训练。

要点

通过进行"提问阅读"，可以抓住书中的要点，从而提高自己对于整本书的理解程度，在向其他人说起时，也可以加深记忆。

专栏　增强记忆的战术睡眠法

要想自由自在地输出自己读过的知识，就必须让大脑记住这些知识。

我在上文中也曾说过，**我在读书时会重点记忆书中出现的科学依据和专业术语**。但是，许多人即使反复阅读同一本书，也会忘记其中的专业术语等关键信息。结果就会造成无法顺利地输出读过的内容。

明明读过却忘记了。

明明在读的时候还告诉自己这个地方很重要，但还是忘记了。

为什么会出现这种情况呢？这与大脑的性质有关。

我们的祖先在狩猎时代，是1000个人左右在一起聚居生活的。当需要记住什么的时候，因为许多人在一起，所以不需要某一个人去确认典故的出处，只需记住带有专业术语的"场所"名称。

英国牛津大学的生物学博士理查德·道金斯曾指出，"如今人类的大脑性质和从前在非洲大草原生活时相比，并没有发生很大变化。"

从前，人类在草原上生活时，当他们在很高的草丛中听到有声音时，一旦开始思考那是什么声音，或开始找声音的来源，就会被肉食动物所袭击。

此时，条件反射般地逃跑才是正解，因此大脑也向这个方向不断进化。结果导致作为人类的我们很不擅长获取数据、确认证据并进行有逻辑的思考、记住不常用的专业术语。

我在本书中已经反复地强调了许多次，**大脑能够优先记忆的是与生死有关的事情、扎根于生活中的事情、伴随着强烈情感的事情。**

而且，现在的我们生活在一个信息爆炸的环境中。

例如网络、电视、收音机、书籍等，我们对于这些媒介所传播的信息接触得越多，大脑就越难对其进行处理，**就越容易忘记信息中的数据、证据和专业术语。这是大脑为了防止信息**

超出记忆容量的界限而作出的反应。

此外，大脑会优先记忆像"对的""错的""焦虑""有趣"这种带有感情色彩的事情。

正因为与大脑记忆有关的组织结构有这样的性质，所以有意识地去记忆数据、证据和专业术语等，是一件有价值的事情。

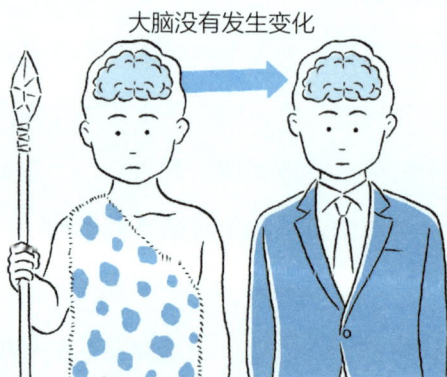

大脑没有发生变化

■ 交错睡眠法

因此，接下来我要介绍的是能够使你在必要时记起书中要点的记忆术——交错（Interleaving）睡眠。

在认知科学的世界中，人类很久以前就知道睡眠与记忆力的好坏有着密切的联系。你应该也听说过这样的话，"学习完之后睡觉的话，更容易记住学过的内容""因为记忆会在睡眠中得到梳理，所以在睡觉前复习会更有效率"。

针对这种睡眠与记忆的关系，法国里昂大学的研究团队提出了"如何通过睡眠来提升学习效果?"这一课题，并对此进行了调查。

他们以40名男女为对象，将他们分为2组，并让这2组成员用不同的方法记忆斯瓦希里语（非洲语言）。

A组：上午和下午都进行学习，之后按平时的作息睡觉。

B组：上午学完后睡觉休息，醒来后再学一遍。

在这个实验中，A组和B组都是一整天在学斯瓦希里语，但B组的人有午休时间。

之后，研究团队的成员给受试者们进行了单词测验。其结果显示，在学习间隙里睡了午觉的B组不仅比没有睡午觉的A组记住了更多的单词，而且回忆能力也比A组强。

研究团队将在学习和学习间隙的睡眠命名为"交错睡眠"，并指出与没有获得睡眠的情况相比，产生了大约2倍的记忆力和回忆能力的差距。

需要注意的是，不是在学习过程中分出一段时间去睡觉，而是在学习后打一会儿盹儿。

"交错睡眠"会让我们很难忘记学过的东西。这是因为在进行了读书、学习这种输入后，有意识地将大脑调整为停用的状态，会更容易记住刚才学过的知识，回忆能力也会有所增强。（请将这里提到的回忆能力理解为：能在必要的时候活用之前曾记忆过的数据、证据和专业术语）

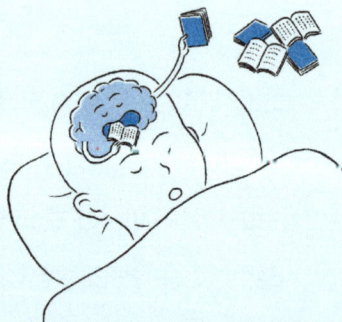

在睡觉期间，知识会扎根于大脑

如果将交错睡眠应用到读书中的话……

正确的做法并不是这一章里有重要的数据、证据和专业术语，所以读完这章之后就休息吧，而是当感觉到疲惫时停止阅读，开始睡觉，等醒来后再继续阅读。

关于交错睡眠所需的睡眠时间，在法国里昂大学的实验中，推荐90分钟的睡眠时间。

如果想把交错睡眠合理地应用到日常生活中，就在晚上睡觉前阅读书中的要点或回看自己归纳的笔记，然后睡觉。第二天早上稍微早点起床，继续进行昨晚睡前的事情。如果形成这种循环，就能够很好地活用交错睡眠的方法。

在开始阅读一本全新类型的书籍时，先从入门书开始读起，然后进行交错睡眠，第二天，即便是难度较高的书也能读懂其内容。

■ 闭上眼睛冥想也能提升大脑的记忆力

虽然知道"交错睡眠"很有效果，但白天没有时间睡觉。

读书

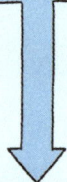

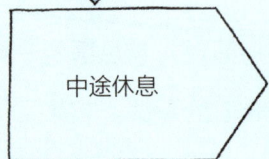

中途休息

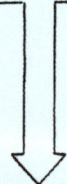

继续阅读

由于工作、带孩子、照顾老人等原因，也没办法将晚上睡前的时间用来读书。

针对上述人群，我再介绍一种能够提升记忆力和回忆能力的休息方法，这个方法就是"唤醒充分休息"（Wake full rest）。在工作和学习的间隙抽出4~6分钟的时间，闭上眼睛什么也不想。

你可能会觉得连续学习好几个小时是一件很厉害的事情，但其实这是一种"认为只要有毅力就什么都能做好"的错误想法。就像我在"交错睡眠"中所说的那样，**大脑的休息是必不可少的**。如果不能在读书和学习的间隙留出什么都不做的时间，就无法使记忆扎根于大脑。

比如，2012年在苏格兰的爱丁堡大学进行了这样的实验。研究团队召集了33名老人，让他们阅读2篇短篇小说并尽可能多地记住其中的内容。

在他们读完后，研究团队将这33名老人分成2组，并让他们用以下的方式度过接下来的一段时间。

A组：在黑暗的房间中，闭上眼睛10分钟左右；

B组：进行与书中内容无关的游戏。

90分钟后，当让这33名老人尽可能详细地回忆出故事情节时，进行唤醒充分休息的A组的记忆效果比B组高出10%。

而且，这个倾向在1周后的再次实验中也得到了确认。

研究者指出，学习后的几分钟内做了什么，决定了能否记住（刚才学过的）新信息。就像在实验中玩游戏的环节一样，如果在读完书后立刻从事别的事情，比如看电视或工作等，会妨碍我们记忆刚才学过的内容。

相反，在一定时间内隔绝信息的输入，可以提升大脑的记忆力。

无论是交错睡眠还是唤醒充分休息，不能抽出时间让大脑休息的人，看上去好像非常努力，但实际上，不管是读书、学习还是工作，都很难取得成果。

在学生备考的世界中，有"四当五落"这样的说法：假设考生每天睡4小时（四），就能考上自己心仪的大学（当）；每天睡5小时的话（五），就会名落孙山（落）。虽然大家普遍认为剥夺睡眠时间来学习的人能考上心仪的学校，但实际上却会有相反的效果。

越是在阅读难度较高的书时，越要意识到唤醒充分休息的必要性。**通过休息，能够更熟练地掌握读过的内容。**

许多与认知能力有关的研究也表明，只需闭上眼睛安静地待一会儿，就能提高大脑的认知能力，并恢复注意力。

我也会在读书间隙戴上有降噪功能的耳机，闭上眼睛冥想6分钟左右。我每天都在进行唤醒充分休息。

即使是在黑暗的地方，闭上眼睛
对于提高记忆力也有一定的效果

第 4 章

自由掌控知识的3种输出方式

在德国出生的理论物理学家阿尔伯特·爱因斯坦曾说过这样的话。"如果你的说明不能让一个6岁的孩子理解，那就不能说你已经理解了。"（If you can't explain it to a six-year-old, you don't understand it yourself.）

这句名言也适用于读书。书并不是读完就结束了，只有将从书中得到的知识、信息与你的见解相结合，并运用到实际生活中，读许多书才有意义。

重要的是以下两点：

- 记住从书中得到的知识，并使其对你和你周围的人有所帮助

美国华盛顿大学的实验表明，是否真的将自己在书中学到的知识教给了别人并不重要，只需以打算教给别人的这种想法进行阅读，就可以将记忆效果提升28%。在读书时，如果没有想象输出（书中内容）时的场景，就只不过是自以为自己明白了书中的内容而已。没有用自己的语言整理的记忆，很快就会消失。

积极地创造能向他人进行说明的机会吧！

自由操控知识的3种输出方式

使用专业术语来　　通过 SPICE（有趣味　同时阅读思想类书
抓住听者的心　　　的事情）提高说服力　籍和科学类书籍

● 将读了之后觉得"这个很好"的方法付诸实践，并形成
习惯

　　在阅读古典名著时，如果能试着感受作者的思考过程，可
以提高我们的思考力。

　　而且，在体育和艺术中也是同样的道理。如果能得到高人

的指导，就能使自己更快地进步。提高思考力的捷径就是，接触古今中外的名著，将名著中提到的内容付诸实践，并使之成为习惯。

在第4章中，我会介绍能够实现这两点并且使读过的书发挥作用的三种方法。

输出方式 1

使用专业术语吸引读者

公开我在谈话中的
意图

我在读书的过程中，觉得自己收获最大的一点是，我的说明能力有了很大的提高。

这是指能够根据听者的知识量，用通俗易懂且具有说服力的语言进行发言。无论是作为读心师参加电视节目，还是进行演讲时，抑或每天发布视频时，这个能力都一直支撑着我。

提高说明能力和说服力的方法非常简单。

在演讲刚开始的时候，先抛出一些所谓的专业术语吧。这样一来，在听者的脑海中就会浮现出这样的疑问：**那个词是什么意思？**

将答案用简单易懂的比喻进行说明之后，你的发言就成了有说服力的发言。

使用专业术语能够让对方侧耳倾听

如果能熟练使用自己读过并理解的专业术语，然后根据听者的水平，将其转换为易懂的语言，就可以使我们读过的书发挥出它的作用。

比如，当发生网络暴力时，即使你断言引起骚乱的人肯定是内心贫瘠的人，也不会使听者的内心因此而受到触动。

即使有人能够理解你的发言，心想"可能是你说的那样吧"，但对你的发言也无法产生共鸣。

但是，如果你能使用心理学书籍中所提到的方法，像下面这样说的话，给人的印象就会完全不同。

人类有"幸灾乐祸"的心理。

幸灾乐祸在德语中是指认为"他人的不幸是蜂蜜的味道"的心理状态，也被译为"加害之喜"。在网络上，有许多匿名者对著名人物的发言进行攻击，就是因为他们享受贬低他人的乐趣。这是因为在目睹了他人的不幸后，就觉得自己高人一等了。

（他人的不幸是蜂蜜的味道吗？你自己是否也有这种心理呢？）

但认为自己高人一等其实只不过是错觉罢了。因此，越是容易幸灾乐祸的人，就越会被社会所孤立。这就好像是在自己周围的地上挖坑，等到使周围变得全都是坑时，自己也无法移动了。最后，当你发现自己连在网络的世界里也没有容身之地时，受苦的其实是你自己。（确实是这样啊！）

如果你想锻炼使用专业术语和比喻等的说明能力，我推荐你阅读把专业书的内容解释得通俗易懂的解说书或入门书。

因为专家们经常向普通人解释专业术语，所以他们知道用什么样的措辞可以使之更易懂、更易理解，怎样开口才能让听者的脑中浮现出"?"。

如果在解释的过程中加上容易理解的"比喻"，你的说服力会发生很大的变化。

进一步增强说服力的表达方式

除了专业术语，如果你还想增加自己语言的说服力，就再加上典故出处和数据吧！

比如，"据美国加利福尼亚大学伯克利分校的××教授说……""从美国哥伦比亚大学研究团队的实验结果来看，有××这样的数据"。

比如，之前我在接受采访时曾被问到过与恋爱有关的话题，我是这样回答的。

"美国芝加哥大学在2万名参与者的协助下开展的研究表明，因为网络而相识的情侣幸福度更高，离婚率也比在现实中认识的情侣低25%。"

在这里，重点是不要将其作为自己的意见表达出来，比如"最近好像因为网络而相识的情侣有所增加"。

如果将其作为自己的意见来说的话，听者可能会本能地反驳我们，"虽然你那么说，但是时代不同也会有所差别吧。归根结底，就像恋爱如果不从见面开始，应该不会顺利的"。

但是，如果你只介绍有2万人协助了这项研究，这并不是你自己的意见。即使被反驳，你也不会受到沉重的打击，并可以轻松地应付过去。

"我觉得可能确实会有时代的差别。但是，从美国哥伦比亚大学的研究结果来看，事先通过邮件或短信与对方联系，可以加深对彼此的了解。从这一点来看的话，认为在网上相识可能会使双方关系进展得更顺利的人有所增多。"

或者，可以将完全相反的数据作为反例举出，"通过网络确实可以提高认识的概率，但能否顺利走下去取决于每对情侣自身。恋爱的困难在哪个时代都是一样的"。像这样回答，给对方留足面子。

总之，**熟练地使用从书中获得的知识、数据和专业术语，可以给人留下聪明的印象。**

如上所述，为了加深理解，当听到别人说"早一点行动更容易抓住机会"时，我会收集类似"向后推迟的话反而会进行得更顺利"的对立意见来阅读。

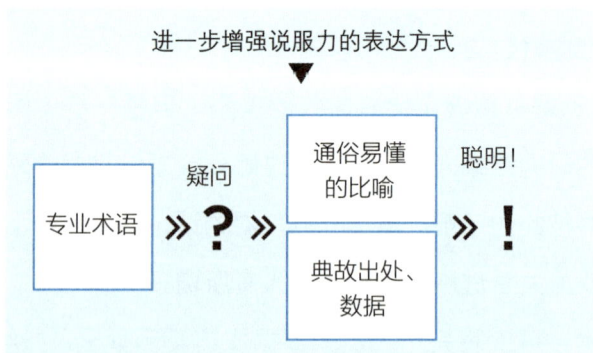

进一步增强说服力的表达方式

| 专业术语 | 疑问 ≫ ？ ≫ | 通俗易懂的比喻
典故出处、数据 | 聪明！ ≫ ！ |

记住别人没有记住的内容并活用这些内容

针对前文中所提到的"幸灾乐祸"的心理状态，可以像下面这样继续进行说明。

即使不了解脑科学和心理学，也能够很好地传达这种复杂的感情。

"美国埃默里大学的研究团队，对过去30年的研究论文进行了评价，并在心理学杂志上发表文章称，幸灾乐祸有三种类型。"

这三种类型如下所述。

1. 区别系

为了使自己所属的小组合法化而对他人的不幸感到开心。

在体育赛事中，因对方（另一队）的失败和失误而感到开心。像这样，将自己这一方和对方区分开，彻底地抵制（敲/抨击）对方。这就是区别系的特征。

霸凌现象被忽视也是因为受到了区别系的影响。当不是自己这一方的人陷入困难的境地时，区别系的人就会想"我和他们不同，我是安全的"。

2. 竞争系

这种类型的人会对比自己强的人产生嫉妒心理，从而对他人的不幸感到开心。这也是网络暴力产生的原因，网友们对于著名人物的过失会进行大肆抨击。这是因为看到自己嫉妒的人陷入困境，会使自己的心情变好。

如果能够通过不断提升自己赶超所嫉妒的人，就可以形成"良性竞争"。**但竞争系的人的幸灾乐祸只是单纯地逃避现实，本人是没有任何改变的。**这就像是当自己处于困境中时，看到在天空中飞翔的漂亮小鸟突然坠落，会因此感到开心一样。

3. 正义系

正义系是性质最恶劣的一种幸灾乐祸。明明对他人的不幸感到开心，却偷换概念说"这是为了正义"。

"正义"会根据具体的情况而发生变化，没有绝对的正义。但是，正义系幸灾乐祸倾向很强的人会认为自己是出于正义的使命感才抨击他人的，并因此无法停止自己这样的行为。

上述我所写的这些与幸灾乐祸有关的说明都是我即兴发挥的，没有参考任何笔记资料。

于是，就有人会以惊呆的表情问，"你为什么能记住这么多专业术语呢？""你为什么能什么也不看就说出这些内容呢？"

答案很简单。这是因为我实践了在本书第3章中所介绍的阅读方法，时刻提醒自己以专业术语为中心进行记忆。

要想让自己读过的书发挥作用，十分重要的一点是，记住别人没有记住的内容，并在输出时活用这些内容。

假设你阅读了描写幸灾乐祸的书籍，并认为自己也有认为"他人的不幸是蜂蜜的味道"这种倾向。当你向别人输出自己的这种想法，即使别人对此表示理解说"我明白"，也不会有人抓着这个不放，问你"那是什么"。

但是，当你记住并说出幸灾乐祸这个专业术语后，再说出"他人的不幸是蜂蜜的味道"这句话时，就会给听者一种出乎他意料的印象。

总之，记住大家记不住的专业术语，可以让他人觉得**这个人很有学识**。

• 要点 •

运用大家所不知道的专业术语，能够触动他人的内心。

根据表达方式的不同，10个知识点也可以变为100个。

输出方式 2

通过 SPICE 提高说服力

严禁滥用！使 No
变为 Yes 的说服术

　　当你想向外界输出自己读过的书中的内容时，说明能力和
说服技巧与记忆力同样重要。即使一个人拥有100种知识，如
果他的说明能力很差的话，就只能向对方传达两三个知识。

就像我在专业术语的使用方法中所说的那样，**擅长说明的人，能够根据不同情况充分运用他所拥有的10个知识，让人觉得他好像会100种知识。**

很多人对说服会有这样的印象：花费很大的工夫劝说对方。但是，我在这里所说的说服是指通过交流使对方的内心和态度发生动摇。对事情进行说明，在得到对方的理解和共鸣后，对方的内心状态和态度就会向着你所期待的方向发展。

我在进行商业演讲时，比作为读心师进行表演时更自信。同时，因为充满自信，我在商业演讲中的效果也很好。因此，我减少了参加电视节目的次数，增加了可以自由支配的时间，这样可以只做自己喜欢的工作。

你也可以让阅读成为一种习惯，锻炼自己的说服力，并由此获得更多日常生活中的自由。

说服他人的 SPICE 公式

因此，我在这里向大家介绍：说服别人时的必备技巧——SPICE。这是从事"社会影响""精神病患者"等研究的专家——牛津大学教授、心理学家凯文·达顿博士总结出来的说服他人的公式。

说服他人的 SPICE 公式
▼

- **S** • Simplify（简单化）
- **P** • Perceived self-interest（个人利益感）
- **I** • Incongruity（意外性）
- **C** • Confidence（自信）
- **E** • Empathy（共鸣）

这个公式由上述5个因素组成。

大多数人都会对精神病患者持有负面印象，但达顿博士说，精神病患者有能够自由操控自己感情的特性。同时，他们也能在必要的时候无视自己的感情，说出让对方产生共鸣的话。

达顿博士通过对精神病患者进行研究，而总结出的可以增强说服力的说话方式的重点，就是以上5个因素。将这5个因素运用到你平时与他人的对话中，可以给对方留下深刻的印象，并顺利地说服对方。

S代表Simplify（简单化），是指用尽可能简单的信息归纳出想要传达给对方的内容。

拿身边的例子来说的话，S代表Simplify，经常在选举中被使用。比如，在美国的总统大选中，每位候选人都会提出简单的竞选口号。特朗普总统曾提出"**使美国再次成为伟大的国家（Make America Great Again）**"，前任总统奥巴马则提出"**我们能做到（Yes，We Can）**"，并曾成功获得连任。

我们的大脑喜欢简单的事物，信息越简单就越容易被理解。

在日本，前首相小泉纯一郎也曾提出"重组自民党"的口号，并获得了压倒性的支持率。

当和他人谈起自己在书中学到的知识时，有意识地使用大家都能听懂的简单说法吧！

如果你想着这个需要进行说明、那个也需要进行说明的话，就会使你的语言变得非常烦琐，这样会使听者对你的话失去兴趣。

P代表Perceived self-interest（个人利益感），是指使用能让听者从中受益的表达方式。

试想一下在你身上有没有发生过这种情况，当在书上学到了某种知识并觉得它很有用时，你会非常兴奋地对身边的人说"这本书好棒啊！内容太丰富啦！""你听我说，你听我说"。

但是很遗憾，在这种情况下，无论你说了多么有意义的话，都无法打动对方的内心。因为重要的并不是告诉对方你所获得的新知识有多棒，而是要告诉对方**你所获得的新知识能对他（她）有什么帮助**。

"最近你应该正在找能在工作中用到的资料吧？我发现了

一本非常合适的书。书里介绍了改变经济的100种发明，切入点非常独特。"

"你之前是不是说过你最近开始对历史感兴趣了？我知道有一本书非常有趣、易懂。这本书将历史上的事件进行拟人化处理，并绘制成插图，能够让读者轻松地记住。"

"我在开始投资前也读过10本左右的相关书籍，在那些书中，这本书是最有参考价值的。实际上，在进行了3年的股票投资之后，我发现这本书中包含了与投资有关的基本知识。你要试着读一下吗？"

比起谈话内容的质量和正当性，如果不能向对方传达"你能够从中受益"这一信息，对方是不会想听的。

Incongruity（意外性）是指我们可以在对方的注意力被出乎意料的事实吸引时，趁机说服对方。

如果你能将接下来介绍的"Confidence（自信）"和"Incongruity（意外性）"一起运用的话，你的说服力会有很大的提升。

通过"Confidence（自信）"进行的说服，与"成见效应"

有很大的关系。

成见效应是指，我们对于对方的整体印象是由对方身上某一引人注目的特征而决定的。简单来说，**当我们遇到的某个人身上有十分出众的优点时，就会对他有非常好的印象，觉得这个人好像无所不能。**

比如，英语说得好的人会被认为能把工作做得很好；字写得好看的人会被认为是很有礼貌的人；能够在演讲中有效地使用专业术语的人会被认为很聪明，因此大家也会更信任他所演讲的内容。

但是，实际上，引人注目的特征和本人整体的能力并没有什么关联性。即便如此，人类还是逃不出成见效应的影响。

心理学家桑代克所进行的让部队上级对部下进行评价的实验结果表明，部下引人注目的特征与评价结果之间有很强的相互关系。你身上引人注目的特征在很大程度上决定了上司、父母、同事、朋友等对你的评价。

在"Confidence（自信）"这个方法中，利用了成见效应。

说服别人的关键只有一个原则，那就是自信满满地说话。

将从书中学到的知识与自己想传达给对方的信息相结合，使之"Simplify（简单化）"然后传递给对方吧！

集中某一点进行说明，能够让听者集中精力倾听。人类的集中力是有限的，在演讲场合中，如果想传递给听众的信息过多，就会使听众觉得你演讲的内容模糊不清，"我不知道他到底想说什么""我记不住"。

而且，对于演讲者来说，如果想要传达的信息过多，就会因需要记住的东西太多而感到不安。

"如果把重要的数据忘了……"

"如果说错关键的专业术语……"

"如果中途听众听得不耐烦……"

这种不安会导致紧张，动摇自信心。正因如此，所以有必要使用"S代表Simplify（简单化）"这一方法，来对信息进行筛选。

因为我已经习惯了这个方法，所以无论是在演讲还是上节目时，我都不会感到紧张。并且，我在当下那个场合只想传递给观众一个信息，至于其他在谈话中涉及的信息，即使有少许错误，我也不会在意。

能够把你想要传达的那一个信息传达给对方就已经很好了。没有必要做到完美。干脆、果断地说话可以增加自信，并使自己说的话更有说服力。

E代表Empathy（共鸣），是以让对方产生共鸣为切入点来说服对方。在本书中曾多次提到过，大脑的构造使得带有感情的事件更容易留在我们的记忆里。

这一点在说服别人时也是一样的。如果能让对方产生共鸣，你的信息就能顺利地传达给对方。这是因为，当人们对面前的人所说的话产生共鸣时，比起逻辑性的思考，他们会更优先选择感情。

那么，怎样做才能让对方产生共鸣呢？

为此，需要我们提出适当的问题来试探对方的心情。

比如，在谈到烦恼的事情时，可以这样问对方。"你为什么这么在意这件事情呢？如果你有在意的理由，可以悄悄告诉我吗？"

或者，对于现象背后的深层原因进行提问也是有效果的，"你之所以这么在意那个意见，是因为发生了什么事情吗?"

这两种问法都能问出让对方烦恼的感情或事情。对于让对方烦恼的感情或事情，你要先展现出你的共鸣。**这样一来，对方也能够对你产生共鸣。**

在双方能够对彼此产生共鸣之后，就可以向对方传达满足"Simplify（简单化）""Perceived self-interest（个人利益感）"和"Incongruity（意外性）"的信息了。

说服成功率高达 82% 的表达方式

当你想要说服对方时，重要的是要有勇气不断重复自己想传达的内容。**被称为现代广告之父的大卫·奥格威也针对不断重复的重要性进行了说明。**许多研究表明，通过不断重复，能够增加信息的可信度和影响力。

比如，心理学家柯林·威尔森所进行的实验结果表明，在说服对方时，将关键信息重复2～3次，可以使说服成功率上升到46%。当你重复到自己都开始担心对方会不会感到厌烦时，效果会更明显。

在实验中，将信息重复了10次之后，说服成功率达到了82%。在演讲或会议中自不必说，在平时的对话中也有意识地进行可以让对方产生共鸣的重复吧。

但是，如果重复某一信息时使用的语句完全相同，在重复了3次以后，说服效果就会下降。

通过改变想传达信息的表现形式来提高说服力

在进行重复时，虽然重复的内容是一样的，但要注意变换不同的措辞。

顺便说一句，读书会对提高共情能力有所帮助。

加拿大多伦多大学的研究表明，小说读得越多的人，越容易读懂他人的心理状态。

这是因为，在阅读细致地描写了出场人物心理变化的作品时，读者会试着理解出场人物的心情，"这个人为什么会这么想？"这个过程其实就训练了读者的共情能力。

在阅读小说，特别是以作者自身为主人公的私小说①时，如果不能跟随出场人物的心情，发挥共情能力的话，就很难把握书中的内容。总之，**读者在阅读小说时，会将自己的感情转移到出场人物身上**，在这个过程中，共情能力自然而然地就得到了锻炼。

"难道不是这样吗？"像这样，推测出场人物的感情，在故事情节展开的过程中自问自答……如果想锻炼自己的

---

① 私小说：指作者以第一人称的手法来叙述故事。

共情能力，我建议你每天拿出30分钟左右的时间来阅读私小说。

通过掌握读书的方法，提高自己的说明能力，**你会慢慢变得能够说服周围的人。**

• 要点 •

通过运用这5点能够打动他人的因素，向对方传达你所获取的知识吧！

输出方式3

同时阅读思想类书籍和科学类书籍

从古典中学真理，
从期刊中学表达

要想提高说明能力，就需要学习能为说明能力打下基础的知识和思考方式。因此，我想推荐的方法是**反复阅读"古典"**。

世上的书籍大致可以分为思想类书籍和科学类书籍。这两类书中又分别包括"古典"和"新作"。

我曾在第 1 章中指出了选择好书的困难性，但古典是例外。市面上通俗易懂的书并不多，但古典著作中所蕴藏的是岁月所沉淀下来的智慧。

虽然我现在每天坚持阅读 10～20 本书，但如果有人说"请给我推荐几本真正有用的书吧"，我首先想到的就是被称之为古典的书。

但是，对于科学类书籍而言，比起阅读古典，还是阅读最新的书吧。对于科学类书籍而言，基本上"新的是正确的"。比如，对于学习遗传学或生物学的人，现在应该很少有人还在学习《物种起源》这本以前的名著吧。所谓科学，就是即时更新的东西。

相反，对于思想类书籍而言，古典著作更加正确且权威。

拿破仑·希尔和戴尔·卡耐基的著作都可以称得上是商业书和自我启发类书籍的古典著作。因为哲学也属于思想的领域，所以还是阅读古典著作比较好。对于思想类书籍而言，出版 20 年、30 年的书都算不上古典。

思想和哲学的本质，在现代社会中也发挥着作用。在了解古典的情况下，阅读最新出版的商业书和自我启发类书籍，就会发现，原来这本书是从那本古典著作中摘出了一部分进行讲解的。

对于科学类书籍而言，应该追求最新的理论和研究成果。但对于思想和哲学而言，很难有新的理论出现。我个人觉得，从某种程度来说，与思想和哲学有关的知识体系已经十分完善了。

比起阅读评价褒贬不一的书，**学习古典著作中那些不会过时的真理，能够更有效地学到知识**。坦率地说，如果你有阅读100本新出版的商业书的时间，那么把这些时间用来阅读古典著作，你会有更多收获。

精心挑选书籍

过去，我也阅读了许多商业书和自我启发类书籍。

那么现在不读了吗？并不是这样。但现在我阅读这些书的目的发生了变化。**我选择阅读这些书是因为我想学习类似"哪本书卖得好"这种市场学的观念，以及在进行输出时能对我起到帮助的通俗易懂的表达方式。**

从学习基础知识这一点来看的话，从最新的科学入手，进步的速度会更快。如果接触古典的话，可以训练我们与不同地域、语言、历史、文化的人交往的能力，并拓宽我们的视野。

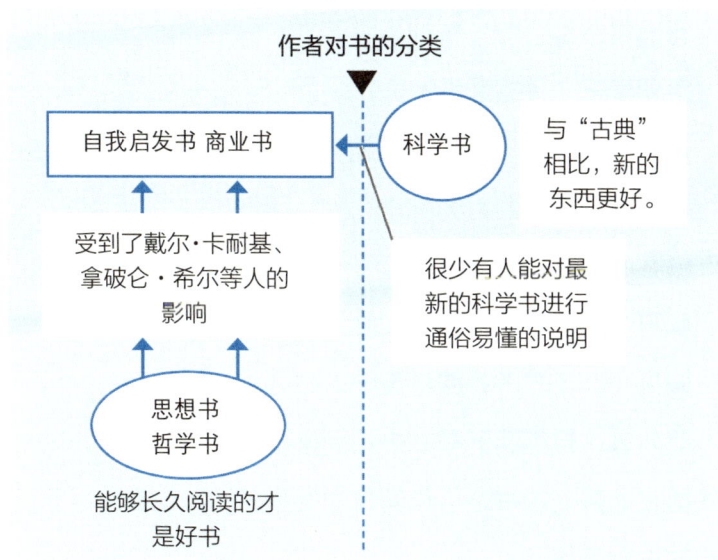

作者对书的分类

自我启发书 商业书	科学书

与"古典"相比，新的东西更好。

受到了戴尔·卡耐基、拿破仑·希尔等人的影响

很少有人能对最新的科学书进行通俗易懂的说明

思想书 哲学书

能够长久阅读的才是好书

接下来，我列出了一些古典书籍的书单。

商业策略——《孙子兵法》

领导力——《君主论》

经济学——《国富论》

自我启发——《人性的弱点》

心理学——《西尔格德心理学》

社会心理学——《影响力》

行为经济学——《精神陷阱》

管理学——《管理学》

市场营销——《增加19倍销售的广告创意法》

谈判——《谈判力》

顾客心理——《文案训练手册》

脑科学——《运动改造大脑》

偏见——《思考，快与慢》

假如像这样继续列举下去是列举不完的，对我来说，能够让我留在书架上的书是与最新科学有关的书和论文，以及流传至今的古典著作。

如果你想挑选能够为学习知识和思考方式打下基础的书，我认为可以将**出版了20年以上的书作为挑选的标准之一**，出版了20年仍然在书店的书架上摆着的书，再版、新装版、完全版、修订版的书。就像一个企业如果能维持10年以上，人们对它的信任度也会增加，对于书籍而言，也是同样的道理。

哲学家阿图尔·叔本华曾这样描述过古典名著的好处，**"哪怕只读半小时，也会立刻让你变得精神爽朗、心情愉悦。"**

叔本华还说过，如果读者不能理解书中的内容，这"不是读者的责任，而是作者的责任"。在阅读较难理解的古典著作时，如果自己的学习能力理解能力不足，就很容易陷入读不懂的境地。在这种时候，就想想叔本华说过的话吧。

虽说如此，但是古典著作中晦涩难懂的作品确实很多，这也是事实。

在没有读懂之前，可以先从古典著作的解说书开始读起。

当你读了几本解说书，对于作者、书的主题、创作背景、作者想传递给读者的影响，以及世界上所发生的变化等有了一定的了解之后，再开始阅读你感兴趣的内容吧！

我在第1章中曾经提到过，经济学家泰勒·科恩也曾说过，"书读得越多，对你而言一本书的信息价值就会越低。"

当我达到无书可读的境界时，想要重新再次阅读的依旧是那些古典著作。

掌握难懂的古典知识只需三步

在阅读那些让你觉得很难读懂的古典著作时，重要的是，不要想着一次全读完。

按照选读、再读、再再读的步骤来阅读吧！

首先，通过"选读"，选出自己感兴趣的部分。

然后，检查自己认为重要的部分，在笔记上写出为什么觉得重要的理由。同时，将自己不认识的单词和不能理解的部分也写在笔记上。

接下来，再重新阅读一遍。

精读自己认为重要的地方。在查阅不认识的单词后，试着阅读这部分内容。

同时，反复阅读查阅前不理解的部分，思考自己究竟是哪里不太懂。这时，**如果能找出文章的结论部分和结论的前提部分，会更容易理解。**

顺便说一下，我在第1章中也曾提过，结论部分大多出现在"但是""总之""所以"等词后面；结论的前提部分大多出现在"之所以……是因为……""像……一样""因为"等词后面。

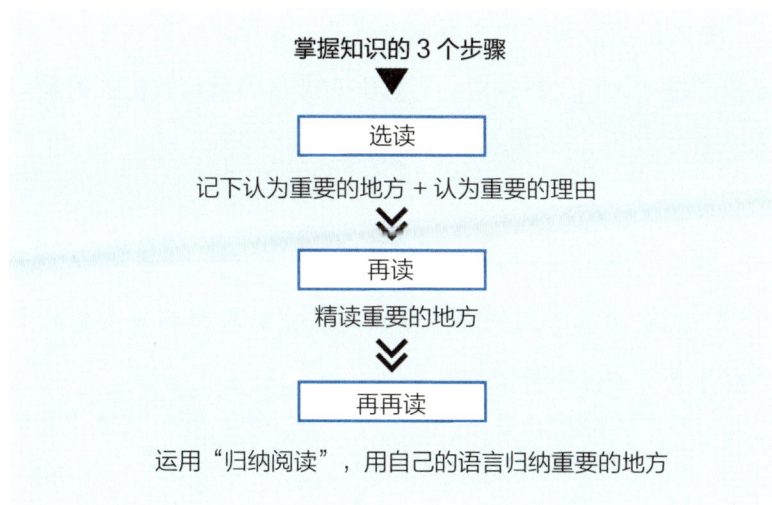

掌握知识的 3 个步骤

▼

选读

记下认为重要的地方 + 认为重要的理由

⋙

再读

精读重要的地方

⋙

再再读

运用"归纳阅读"，用自己的语言归纳重要的地方

最后，再再读一遍。

这次要一边想象着自己向他人进行说明的场景，一边精读你认为重要的地方和不太理解的地方。作为总结，**运用我在第3章中介绍的"归纳阅读"法来整理古典著作的读书笔记吧！**

你所做的笔记能够加深你对某类书籍的理解，成为支撑你的思考方式的中坚力量。

为什么与当今时代背景完全不同的古典著作能够对我们有所帮助呢？这是因为掌管人类行动的大脑并没有进化。

我们的喜怒哀乐也没有发生改变。无论时代怎么变化，只要社会是由人际关系构成的，那么古典著作教给我们的智慧就不会褪色。

要点

认真阅读跨越时代、被广泛传阅的思想书和最新的科学书，加强输出。

专栏　运动可以提高阅读质量

在第4章的最后，我建议大家，如果想提高读书质量的话，可以多做运动。

当你没有读书的精力或读了很长时间书，觉得很累的时候，就运动一下吧！

那么，什么样的运动强度是比较合适的呢？伊利诺伊大学的研究表明，进行20分钟的慢走可以提高大脑的运转效率。

当你没有干劲儿、总觉得大脑不转的时候，散步也好，买东西也好，总之，出门走20分钟吧。这样一来，**可以促进脑源性神经营养因子（BDNF）的分泌**。所谓脑源性神经营养因子，简单来说就是对大脑而言的一种营养物质。与人的年龄无关，BDNF的分泌能够使大脑更容易成长，更容易学会新的东西。

而且，在进行20分钟的慢走后，大脑和身体会分泌出提高我们认知能力和注意力的多巴胺，以及使我们心情愉悦的去甲肾上腺素以及有抗抑郁效果的血清素。只需进行慢走这种简单的运动，就能极大地提高我们读书的质量。

顺便提一下，**我会在早上起床后，在开始运动前35分钟喝一杯咖啡**。这是因为有数据表明，在运动前35分钟摄入咖啡因，可以提升我们的运动表现。此外，在运动前30分钟，我会服用能使毛细血管扩张的营养品。做好这些运动前的准备后，我会去健身房锻炼1～2小时，然后回家冲个澡，换好衣服，通过冥想使自己放松身心，然后在这种状态下开始阅读。

运动后的4小时是一天之中注意力最集中的时间段，所以我会在这段时间内以5分钟一本的速度，通过"选读"来进行大量的阅读。

在这期间，当觉得自己的注意力有些不集中时，我就会进行一边踩踏步机一边阅读的"走步阅读"。因为运动能增加大脑的血流量，所以运动不仅能使大脑继续集中注意力，而且还可以增强我们对于过去的记忆。

在学校里，如果让孩子们长时间坐在书桌前，在一个封闭空间内安静地读书，是不科学的。这可能会让孩子们精神恍惚，并开始讨厌读书。

感到疲惫的话就到处走走，一边走步一边阅读可以提高读书的质量。请一定要尝试一下！

自学笔记

自学笔记

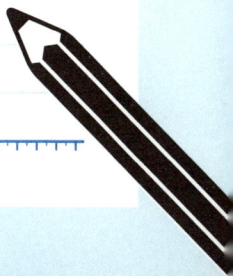

自学笔记

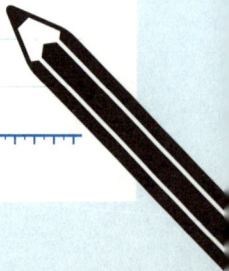